Sabine S. Schreier
Christina Preterborn

Eure kleine
Erinnerung an
Großröhrsdorf!
Sabine S. Schrei

Prolog

An einem verregneten Novembernachmittag brach Gräfin Alma Katharine ihr Schweigen. Diese Entscheidung traf mich völlig unerwartet. Die Gräfin, meine Großtante mütterlicherseits, stammte noch aus den Zeiten des Kaiserreiches und hatte ein derart faszinierendes Leben hinter sich, dass ich mich nicht damit abfinden konnte, ihre Geschichten den Lesern vorzuenthalten.

»Es leben noch zu viele meiner Freunde«, sagte sie, »welchen Sinn hat es, ihre Liebesaffären, Eifersuchtsdramen, ihre Freuden und Leiden, ihren Drang nach Geld und Macht, ihre Intrigen oder die Sehnsucht nach Glück ans Tageslicht zu zerren?«

Ich versprach, Namen und Orte des Geschehens zu ändern. Trotzdem konnte sie sich bis zu jenem Novembertag kurz vor ihrem sechsundachtzigsten Geburtstag nicht entschließen, auch nur eines der Geschehnisse, deren Zeitzeugin sie gewesen, preiszugeben.

Sie erlaubte mir nur kurze Notizen, kein Tonband, kaum Zwischenfragen. Und sie bewilligte mir nach jeder Geschichte lediglich einige Stunden, in denen ich das Gehörte eiligst stichwortartig im Turmzimmer ihres Herrenhauses am See zu Papier bringen konnte.

Sabine S. Schreier

Sabine S. Schreier

Erinnerungen der Gräfin Alma Katharine

Romane der Liebe

Christina Preterborn

Originalausgabe
Copyright © by Scharschmidt Verlag, Berlin 2005
   Alle Rechte vorbehalten. Eine Wiedergabe des Romans darf – auch teilweise – nur mit Genehmigung des Verlages erfolgen.
Druck und Bindung: Saladruck GmbH, Berlin
Printed in Germany
ISBN: 3-938635-03-7

Christina Preterborn

»Das Schicksal Christinas hat mich tief bewegt«, sagte Gräfin Alma Katharine und holte das Foto einer Frau mittleren Alters hervor, die selbstbewusst in die Kamera blickte. »Ach nein«, fügte sie im gleichen Augenblick hinzu, »das ist nicht das hilflose, verträumte Mädchen, das ich bei einem Besuch in Matzinnendorf kennen lernte. Damals erfüllte Christina eine große Trauer. Ihre Mutter bemerkte es nicht einmal und drängte auf eine Heirat mit einem jungen Rechtsanwalt.

Nach einigen Jahren hatte es den Anschein, dass sie sich mit ihrem neuen Lebensabschnitt abgefunden hätte. Und doch war sie ein Opfer nicht voraussehbarer Zufälle und falscher Rücksichten. Erst viel später, nachdem ihr Leben in einigermaßen ruhige Bahnen glitt und sie viele Kämpfe gemeistert hatte, holte sie der Traum ihrer Jugend wieder ein.«

Christina Preterborn ging langsam den steilen Anstieg zum Haus ihrer Eltern empor. In der weit geöffneten Einfahrt sah sie das hellgraue Auto des Besuchers. Sie hatte so etwas erwartet; trotzdem erschrak sie bis ins Innerste. Nein, sie würde das Gespräch nicht durchstehen, ausgerechnet heute. Sie war völlig durcheinander und wusste nur eines: Sie musste jetzt allein sein. Allein um nachzudenken, allein um eine Entscheidung zu treffen.

Wie in Trance setzte sie ihren Weg fort, vorbei an ihrem Zuhause und den letzten Villen, die sich an den Oberberg schmiegten, bevor man den Gipfel erreichte. Der Oberberg war eine der vielen Höhen des Vorgebirges und erschloss den Blick weit über das kleine Flusstal, in dem sich die Landstraße durch Dörfer mit vielen Kurven bis zur Stadt schlängelte. Christina konnte von hier aus deutlich den spitzen Turm der Dorfkirche und in der Ferne die schiefergedeckte Kuppel des Domes der nahegelegenen Stadt erkennen. Da der Oberberg nur spärlich bewaldet war, öffnete er den Blick in alle Himmelsrichtungen, und Christina genoss diesen Blick seit dem ersten Tag des Einzugs ihrer Familie in das neue Heim. Doch jetzt stellte sich kein Glücksgefühl ein...

Christina lebte erst seit knapp einem Jahr hier. Ihr Vater Eduard Preterborn, der in der Stadt ein großes Warenhaus besaß und dessen Geschäfte in der letzten Zeit einen gewaltigen Aufschwung nahmen, hatte es sich plötzlich in den Kopf gesetzt, sein Domizil in die dörfliche Idylle von Matzinnendorf zu ver-

legen. Ihm wurde das Haus im Zentrum der Stadt mit dem zunehmenden Verkehr zu laut und er verkaufte es mit gutem Gewinn.
Natürlich hatte er sich längst nach einer neuen Bleibe umgesehen. Die Villa am Oberberg gefiel ihm auf Anhieb. Sie war neu erbaut, besaß allen Komfort und konnte preisgünstig erworben werden, da sich der Besitzer finanziell übernommen hatte und damit auch den Ruin seiner Fabrik am Fluss befürchtete. Eduard Preterborn legte den Kaufpreis bar auf den Tisch; man wurde sich einig.
Christina und ihre Mutter Magdalena erfuhren erst nach diesem Abschluss vom bevorstehenden Umzug. Der Mutter war der für ihren Mann typische schnelle Entschluss keineswegs recht, da sie sich in der Stadt mit allen Annehmlichkeiten eines umfangreichen gesellschaftlichen Lebens wohl fühlte. Aber Christina freute sich. Sie kannte Matzinnendorf von zahlreichen Ausflügen mit ihren Freundinnen.
Christina schaute ins Tal, erblickte die Krone der großen Eiche und versuchte, die dahinter liegende Kastanienallee zu erkennen. Sie führte zum Sitz der Rutenfelds. Aber das Rittergut lag in einer Senke; man konnte es von hier oben nicht sehen. Das wusste Christina natürlich, und außerdem war es nicht mehr in den Händen der beiden Brüder. Vor einigen Wochen wurde es verkauft. Der neue Besitzer hieß Johannes Notz. Dessen Auto hatte Christina auf dem Grundstück ihrer Eltern gesehen. Er war ein guter Bekannter von Eduard Preterborn und verkehrte zwanglos im Stadthaus des älteren Freundes.

Sie mochte ihn gut leiden, fand ihn jedoch langweilig. Seine untersetzte Gestalt, das bereits schüttere rotblonde Haar und die weiße, von Sommersprossen durchzogene Haut erweckten in ihr den Anschein, er sei nur wenige Jahre jünger als der Vater. Aber dem war nicht so.
Johannes Notz hatte kürzlich seinen fünfunddreißigsten Geburtstag gefeiert, zu dem auch Familie Preterborn geladen war. Seine Eltern waren früh verstorben und hinterließen ihm ein beträchtliches Vermögen. Aber er verspürte keine Lust, in die Fußstapfen seines Vaters zu treten, der Direktor der hiesigen Bank war. Johannes studierte Jura und ließ sich nach dem Examen in seiner Heimatstadt nieder. Seine Kanzlei zog viele Klienten an, er schien ein sehr tüchtiger Rechtsanwalt geworden zu sein. Eduard Preterborn war des Lobes voll und ließ seine Tochter wissen, dass er sich einmal einen solchen Schwiegersohn wünsche. Christina nahm diese Worte nicht ernst, zumal ihr Herz einen ganz anderen Weg ging.
Sie bemerkte damals nicht einmal, dass Johannes Notz sie zu seiner Geburtstagsfeier mit besonderer Aufmerksamkeit bedachte. Selbstverständlich unterhielt sie sich angeregt mit ihm, gewährte ihm mehrere Tänze – aber ihre Gedanken weilten bei einem anderen.
Auf der Heimfahrt sagte der Vater, welch großartiges Paar sie beim Tanz gewesen seien. Und die Mutter wies darauf hin, dass Johannes Notz nur Augen für Christina gehabt hätte.

»Einen besseren Heiratskandidaten wirst du nicht finden«, meinte sie zur Tochter.
Der Vater fügte hinzu, Johannes hätte bei der bevorstehenden Versteigerung des Ritterguts Rutenfeld die besten Chancen, es zu erwerben.
Christina stockte der Atem. Sie wusste von der Not der beiden Brüder. Aber dass die Versteigerung schon bald stattfinden sollte, das hatte ihr Bertram nicht gesagt.
»Warum will Herr Notz denn den Besitz der Rutenfelds erwerben?«, fragte sie vorsichtig.
»Johannes meint«, antwortete der Vater stolz, »dass sein Geld in einer Immobilie besser aufgehoben sei als auf der Bank. Außerdem hat er meinen Rat eingeholt und sich erkundigt, wie es sich in Matzinnendorf leben lässt. Ich bin ins Schwärmen über die wunderschöne Landschaft und die Ruhe gekommen, die einen hier empfängt, wenn man den hektischen Alltag in der Stadt hinter sich hat. Als ich ihm außerdem sagte, dass du dich vom ersten Tag an hier wohlgefühlt und erklärt hast, du wolltest nie mehr an einem anderen Ort wohnen, schien das seine Entscheidung zu unterstützen.«
»Das kann ich gut verstehen«, unterbrach ihn Magdalena Preterborn, »es sieht ja ein Blinder, dass er bis über beide Ohren in Christina vernarrt ist.«
»... dass er in Christina verliebt ist, wolltest du doch sagen!«
»Natürlich, ich wollte nur nicht so direkt werden.«
Dabei warf die Mutter ihrer Tochter einen fragenden Blick zu.

Aber Christina wollte sich nicht äußern. Die Eltern setzten ihr schon lange zu, sie solle Johannes Notz etwas netter behandeln. Und ständig redeten sie von seinem reichen Erbe, von seiner Tüchtigkeit als Rechtsanwalt und davon, dass sich jede Frau glücklich schätzen könne, die ihn einmal zum Manne bekäme.

Christina war dagegen immun. Sie stellte sich ihr Leben ganz anders vor, an der Seite des Mannes, den sie vom ersten Augenblick ihrer Bekanntschaft liebte. Leider war er arm, und an eine Ehe mit ihr konnte er noch lange nicht denken. Aber jetzt hatte er Aussicht, sich einen Traum zu erfüllen. Und der sicherte ihm ein gutes Einkommen.

Bertram Baron Rutenfeld war der jüngere der beiden Brüder, denen das Rittergut von Matzinnendorf gehörte. Während Baron Wolfram sich schon in früher Jugend um alle Angelegenheiten des Gutes kümmerte, ging Bertram entsprechend der Familientradition zum Militär, wurde bald Offizier. Ihre Mutter hatten beide verloren, als sie noch Kinder waren. Der Vater versuchte, das Rittergut allein zu bewirtschaften, kam damit jedoch mehr schlecht als recht zurande.

Langsam aber stetig ging es bergab. Arnim Baron Rutenfeld bemerkte es wohl, konnte sich jedoch nicht entscheiden, einen tatkräftigen Verwalter einzustellen. Lieber übertrug er seinem ältesten Sohn Wolfram schon in der Kindheit Aufgaben, die diesen überforderten. Als ihn ein Schlaganfall ereilte, der ihn in den Rollstuhl zwang, war Wolfram gerade mal zwanzig Jahre. Er stürzte sich mit aller Kraft in die Arbeit, konnte den Ruin lediglich hinauszögern.

Hin und wieder forderte er seinen Bruder Bertram auf, den Militärdienst an den Nagel zu hängen und nach Hause zurückzukehren. Dadurch könnten sie seinen monatlichen Zuschuss einsparen und außerdem würde er dringend auf dem Gut gebraucht. Er betrieb diese Aufforderung allerdings nicht dringend genug, Bertram dachte nicht daran, als Landwirt in Matzinnendorf zu versauern.

Baron Bertram hatte das Temperament seiner verstorbenen Mutter geerbt, die es nie lange an einem Ort aushielt und am liebsten ständig auf Reisen gewesen wäre. Auch äußerlich kam er nach ihr: seine tiefblauen Augen strahlten vor Lebenslust, das dunkle Haar fiel ihm meist verwegen in die hohe Stirn, und seine schlanke, sportliche Figur ließ darauf schließen, dass er kein Freund einer sitzenden Tätigkeit war. Sein breiter Mund mit den geschwungenen Lippen und das markante Kinn erinnerten allerdings weniger an die Baronin. Er war der Liebling des Vaters.

Das führte schon in der Kindheit zu einigem Zwist zwischen den Brüdern und trat jetzt mit dem unaufhaltsamen Niedergang des Ritterguts offen zu Tage. Wolfram gelang es, den an beiden Beinen gelähmten Vater davon zu überzeugen, dass Bertram seinen Abschied einreichen und nach Matzinnendorf zurückkehren müsse.

Das alles war durchaus keine Bösartigkeit des älteren Bruders, er brauchte die Hilfe Bertrams sehr

dringend. Gleichzeitig hoffte er noch immer auf ein Wunder.
Als Baron Bertram endlich eintraf, schien sich der Dschungel der Schwierigkeiten tatsächlich etwas zu lichten. Er konnte fest zupacken und begriff, der Stammsitz müsse gerettet werden. Aber das trockene Frühjahr und der heiße Sommer machten die Getreideernte fast zunichte, so dass man kaum auf große Einkünfte hoffen konnte. Eine weitere Hypothek wollte Wolfram nicht aufnehmen, zumal ihm bewusst war, dass sie ihm nicht gewährt werde und er keinerlei Sicherheiten auf eine Abzahlung bieten konnte. Ein bisschen hoffte er darauf, der überall beliebte Bruder würde eine reiche Frau heimführen. Aber da wurde Bertram sehr ernst und erklärte unmissverständlich, er lasse sich selbst bei Untergang des Familienbesitzes nicht verkaufen.
»Und warum«, fragte er den Älteren, »willst du dich nicht nach einer Geldheirat umsehen?«
»Ich habe es versucht«, antwortete Wolfram, »aber die hiesige Auswahl kann man vergessen. Außerdem weiß jede, dass ich es nur auf ihren Reichtum abgesehen hätte. Ein bisschen Ehre im Leibe musst du mir schon lassen.«
Dann fügte er versonnen hinzu: »Eine würde ich vielleicht heiraten, aber sie ist noch sehr jung und ihre vermögenden Eltern würden sofort eine Unredlichkeit meinerseits vermuten.«
Es war das erste Mal, dass Wolfram dem Bruder einen Blick in sein Innerstes gewährte. Bertram konnte ihn gut verstehen. Auch er hatte sein Herz verge-

ben. Sie war durchaus nicht arm, aber er hätte um keinen Preis auf das Geld ihrer Eltern spekuliert. Lieber würde er warten, bis sich ihm eine eigene Existenz bot. Eine Idee dazu hatte er.
Dann würde ihn nichts mehr von Christina trennen. Als wäre es gestern gewesen, so deutlich sah er seine erste Begegnung mit ihr vor Augen.
Es war kurze Zeit nach seiner Ankunft in Matzinnendorf. Er wollte den Oberberg besteigen und sich dabei gleichzeitig die neue Villenkolonie betrachten. Von den Bauten war er wenig angetan, sie schienen ihm zu protzig. Er ging etwas ärgerlich den schmalen Pfad zum Gipfel, von dem er sich die gewohnte herrliche Aussicht auf das Dorf versprach. Bei der letzten Kurve erblickte er eine junge Dame, die am Rande des kleinen Pfades saß und mit einem Taschentuch wechselweise eines ihrer Knie bearbeitete. Da er sich nicht erklären konnte, was sie dazu veranlasste, aber auch nicht stören wollte, blieb er reglos stehen.
Die junge Dame bot ein eigenartiges Bild: Sie hatte ihren Sommerhut mitten auf den Weg gelegt und das gelockte brünette Haar hing ihr etwas wirr ins Gesicht, von dem er nicht viel erkennen konnte. Außerdem hatte sie die Augen niedergeschlagen und schien sich den Schaden an ihren Beinen zu betrachten. Jetzt bemerkte er, dass sie gestürzt sein musste, denn inzwischen war das Taschentuch – wie er von weitem erkennen konnte – blut- und schmutzverschmiert. Das appellierte an seine Ritterlichkeit, und mit wenigen Schritten stand er neben ihr.

Christina starrte ihn erschrocken an. Er erblickte Augen von einer warmen hellbraunen Farbe, die von einem Kranz dichter schwarzer Wimpern umgeben waren. Stirn und Wangen zeigten die gesunde Farbe eines Menschen, der gern an der frischen Luft weilt, der Mund mit den vollen Lippen war jedoch leicht schmerzverzerrt.
Bertram Baron Rutenfeld gefiel die junge Dame ausnehmend gut, er fühlte sich sogleich als ihr Beschützer. Als er sie fragte, ob er ihr helfen dürfe, fragte sie etwas verlegen, ob er vielleicht ein Taschentuch bei sich habe. Das hatte er natürlich und sagte, er habe es extra zu Samariterdiensten eingesteckt. Da musste sie trotz Schmerzen lachen.
»Dann sind Sie also ein Hellseher.«
Bertram strahlte sie an: »Da haben Sie vollkommen Recht.«
»Bescheiden sind Sie nicht«, stellte Christina fest.
»Sie sind also Bertram Baron Rutenfeld.«
»Sie kennen mich?«
»Natürlich nicht persönlich. Aber im Dorf schwärmen alle jungen Mädchen von Ihren schönen blauen Augen. Da ist es nicht schwer, Sie zu erkennen.«
Bertram gefiel, dass dieses Mädchen so offen und keineswegs schüchtern war.
»Und wer sind Sie, wenn ich mir diese Frage erlauben darf?«
»Sie dürfen. Ich bin Christina Preterborn. Wir sind erst vor einiger Zeit nach Matzinnendorf gezogen.«
Sie versuchte sich zu erheben. Er reichte ihr schnell seine Hand, die sie ohne Ziererei ergriff.

»Ich bin über den dummen Stein dort drüben gestolpert. Ein Glück, dass Sie den Sturz nicht gesehen haben. Ich glaube, ich lag wie ein plattgedrückter Frosch auf dem Weg.«
»Vielleicht eher wie eine Froschkönigin«, parierte er und sah sie amüsiert an. »Haben Sie Schmerzen?«
»Es geht, ich bin Schlimmeres gewöhnt.«
»Dann betreiben Sie derartige Stürze wohl als täglichen Sport?«
Beide fanden Gefallen an diesem Geplänkel und setzten es weiter fort. Doch dann meinte Bertram Rutenfeld, die Wunde müsse unbedingt mit Jod desinfiziert werden.
»Das stimmt zwar, aber davor habe ich Angst. Außerdem hat die Wunde geblutet, da ist der Schmutz inzwischen raus.«
»Die Tapferste scheinen Sie also doch nicht zu sein.«
»Wie man es nimmt. Aber ich denke, jetzt muss ich nach Hause. Das mit dem Jod kann ich mir unterwegs überlegen.«
»Ich werde Sie begleiten.«
»Wollten Sie nicht zum Gipfel?«
»Das hat Zeit, da ich vorläufig auf unserem Gut bleibe.«
Christina hatte Mühe, mit ihm Schritt zu halten. Besonders das rechte Knie machte ihr stark zu schaffen.
Baron Bertram bemerkte es und bot ihr seinen Arm, den sie gern nahm. Als sie plaudernd neben einander gingen, boten sie den Anblick eines jungen Paares,

das sich schon lange kannte. Und genau das kam Bertram plötzlich zu Bewusstsein.

Sie war völlig anders als die Frauen, deren Bekanntschaft er bisher gemacht hatte. Sie ist natürlicher, fügte er im Stillen hinzu. Sie braucht keinerlei modische Schönheitsmittelchen; unwillkürlich verweilte sein Blick lange auf ihren roten, vollen Lippen.

Christina hatte das bemerkt und bemühte sich, ihre aufkommende Verlegenheit zu verbergen. Ob er alle Frauen so eingehend mustert? Vielleicht. Ein so schöner Mann mit einer derart umwerfenden Augenfarbe kann sich das wohl leisten. Sie war versucht, darüber ärgerlich zu werden, aber zugleich wusste sie, dass sie es nicht fertig brachte. Ganz im Gegenteil, sie freute sich über seine Bewunderung, die sie in seinem Blick erkannte.

Auch Bertram fühlte, dass sich plötzlich etwas zwischen ihnen verändert hatte. Ihn überkam ein Gefühl der Zusammengehörigkeit. Und was er als weitaus unmöglicher feststellte: Er hatte Lust, ihren leuchtenden Mund zu küssen. Er musste sich sehr beherrschen, denn ihm war klar, dass sie ihm das nicht verzeihen würde. Aber er wollte sie unbedingt wiedersehen.

Nach einigen Minuten des Schweigens fragte er, wo genau sie in Matzinnendorf wohne.

»In der neuen Villenkolonie. Es ist das sandfarbene, rotgedeckte Gebäude mit den Dachgauben. Sie werden es schon an der nächsten Biegung sehen.«

»Gefällt Ihnen der Prachtbau?«

»Äußerlich nicht. Aber das Innere ist sehr schön und

gut durchdacht. Am meisten gefällt mir jedoch der Garten. Er zieht sich bis zu dem großen Feld dort drüben hin.«
»Das Feld gehörte einmal zum Rittergut. Mein Vater hat es schon lange verkauft.«
Dann fuhr er fort: »Eigentlich war mir das bisher ziemlich egal. Doch plötzlich macht es mich wehmütig. Sie werden wissen, dass wir das Rittergut nicht mehr lange halten können.«
»Steht es wirklich so schlimm?«
»Schlimmer als ich mir vorstellen konnte.«
»Das tut mir leid.«
»Mir auch. Ausgerechnet jetzt passiert das – wo ich Sie kennen gelernt habe.«
Christina schaute ihn ungläubig an.
Später wusste keiner mehr zu sagen, wie es zu den Küssen kam. Es war einfach passiert, und beide fühlten sich unendlich glücklich.
Viel zu schnell erreichten sie die Straße, die zu Christinas Elternhaus führte.
»Ich werde heute Abend am Feldrain auf dich warten«, flüsterte ihr Baron Bertram zu. »Es gibt doch bestimmt einen Hinterausgang aus deinem Garten?«
»Ja.«
»Bis bald, Christina.«
»Bis bald.«
Das Mädchen spürte noch immer die Küsse auf den Lippen, als es schnell ins Haus schlüpfte. Ein Glück, dass die Eltern unterwegs waren. Ob sie die Veränderung an ihr wahrnehmen? Das musste sie verhindern,

denn sie wusste um deren Heiratspläne. Sie begegnete keinem der Hausangestellten und schlüpfte schnell in ihr Zimmer.
Dort betrachtete sie ausgiebig die zerschundenen Knie, verwarf Bertrams Vorschlag der Desinfizierung und war glücklich über die Begegnung mit ihm. Ob das die traumhafte Liebe auf den ersten Blick war? Noch nie hatte sie bei einem Mann derart blaue Augen gesehen. Man musste sich einfach in ihn verlieben.
Nach einiger Zeit kamen ihr Zweifel. Ob er bei Frauen oft derartige Erfolge hatte? Würde er denken, sie wäre immer so schnell für einen Kuss zu haben? Sie kannte sich selbst nicht mehr. Hatte sie sich völlig unmöglich benommen? Doch dann träfe auch ihn dieser Vorwurf. Vielleicht war sein Verhalten lediglich Ausdruck seines Verlangens nach einem Flirt? Und vielleicht war er überrascht, dass ihm das in Erfüllung ging? Blickten seine Augen immer so zärtlich?
Christina kam zu keinem Ergebnis. Sie nahm sich vor, nicht mehr darüber nachzudenken. Heute Abend erwartete er sie, dann konnte sie noch immer so tun, als sei ihr ebenfalls nur an einem Flirt gelegen. Man würde sehen...
Jetzt hörte sie das Geräusch eines Autos. Das waren die Eltern. Sie kamen vorzeitig aus der Stadt zurück. Schnell zog Christina in ein anderes Kleid an, denn ihr heller Rock war von Schmutzflecken verunziert. An einem anderen Tag hätte sie sich darüber geärgert, aber heute sah sie alles in rosigem Licht.

Die Mutter saß bereits am gedeckten Kaffeetisch im Wintergarten, durch dessen riesige Glasscheiben die noch immer sehr warmen Strahlen der Sonne fielen, obwohl nach dem Kalender bald der Herbst begann. Christina nahm ihren gewohnten Platz ein, von dem aus sie einen herrlichen Blick auf die Blüten der bunten Dahlien hatte, die ihr Vater besonders liebte. Sie fanden sich an mehreren Stellen des Gartens und verdrängten langsam die Blumen des Sommers.

Der Gärtner hatte es so einzurichten gewusst, dass die Villa vom zeitigen Frühjahr bis zum späten Herbst von einem Blütenflor umgeben war, da Eduard Preterborn auf das Anpflanzen von Nadelgehölzen verzichtete. Er meinte, der Blick auf die Bäume des Oberberges reiche vollkommen. Es war einer der Streitpunkte des Ehepaares; Frau Magdalena hätte dem Grundstück gern die gleiche Gediegenheit angedeihen lassen wie sie in der Nachbarschaft praktiziert wurde. Doch sie konnte sich nicht durchsetzen, zumal ihr Mann feststellte, dass alle Gärten nach dem gleichen Muster angelegt waren. Genau das wollte er nicht.

Außerdem fand er in Christina leidenschaftliche Unterstützung. Sie liebte Blumen und schmückte die Zimmer persönlich mit passenden Arrangements. Am liebsten hätte sie den Gärtner bei der Arbeit unterstützt. Zu ihrem Leidwesen gestatteten das die Eltern nicht. Nein, empörte sich die Mutter, dazu wird sich meine Tochter nicht hergeben. Was sollen denn die Leute denken!

Das nun wiederum scherte Christina nicht im ge-

ringsten. Nur aus Rücksicht auf die Ansichten der Eltern und die daraus resultierenden Vorwürfe verzichtete sie. Sie konnte sich auch nicht durchsetzen, als sie bat, eine Beschäftigung im Kaufhaus übernehmen zu dürfen.
»Damit beginnst du entweder als Chefin oder gar nicht«, meinte der Vater. »Ich bin zum Abtreten noch nicht alt genug. Du hast eine sehr gute Schulbildung, das reicht vorläufig. Später werde ich dich mit allem vertraut machen – falls es nötig wird«, fügte er hinzu. »Du wirst schließlich einmal als Frau und Mutter ganz andere Verpflichtungen haben. Für das Kaufhaus genügt ein tüchtiger Direktor.«
Das war eindeutig. Die Eltern sahen sie also schon als Ehefrau dessen, den sie ausgesucht hatten.
Bisher wehrte sich Christina nicht dagegen; es wurde allerdings von ihr auch keine Zustimmung gefordert. Insbesondere die Mutter war sich vollkommen sicher, dass Christina eine derart glänzende Verheiratung nicht ausschlägt. Sie lobte Johannes Notz in den höchsten Tönen und wäre niemals auf die Idee gekommen, die Tochter könne diesen geschätzten Rechtsanwalt ablehnen.
Auch an jenem Tag drehte sich das Gespräch am Kaffeetisch um den jungen Mann. Christina hätte am liebsten erklärt, sie werde ihn niemals heiraten. Doch sie schwieg. Am Ende würden die Eltern solange in sie dringen, bis sie den wahren Grund der Ablehnung aus ihr herausgequetscht hätten. Dazu war es noch zu früh. Erst musste sie wissen, ob sich Bertram in sie verliebt hatte.

Dass in diesem Falle beide in riesigen Schwierigkeiten stecken würden, darüber dachte sie nicht nach. Alles kommt nur darauf an, ob er meine Liebe erwidert, träumte sie. Dann würden sie vereint durchs Leben gehen. Schwierigkeiten schiebt er einfach beiseite, er ist stark und kräftig und wird seinen Willen durchsetzen.
»Christina, hörst du mir überhaupt zu?«, fragte jetzt die Mutter.
»Aber ja, Mama.«
»Und was meinst du dazu?«
»Wozu?«
»Zur Besichtigung des Rittergutes natürlich.«
»Des Rittergutes?«
»Sag mal, Christina, wo bist du eigentlich mit deinen Gedanken!«, mischte sich der Vater ein.
»Entschuldige, Papa, ich kann mich nicht entscheiden.«
»Ach so, du meinst, es wäre dir peinlich, mit Johannes alles anzusehen?«
Jetzt hatte Christina begriffen, worum das Gespräch ging. Also hatte Johannes Notz die Absicht, das Gut der Rutenfelds zu erwerben. Das wäre ja entsetzlich! Er würde Bertram vertreiben – und auch dessen Vater und Bruder.
»Dir muss das auf keinen Fall peinlich sein«, fuhr der Vater fort. »Es ist nur recht und billig, wenn er seine zukünftige Frau an dieser Entscheidung beteiligt.«
»Ich will nicht seine Frau werden, und in das Rittergut will ich erst recht nicht ziehen.«

»Jetzt hört aber alles auf«, donnerte Eduard Preterborn los, »das hättest du dir entschieden eher überlegen sollen. Was denkst du wohl, warum Johannes das Gut haben möchte? Weil es dir so gut in Matzinnendorf gefällt und er sich nach seiner anstrengenden Arbeit in einem ländlichen Zuhause erholen will.«
»Mich hat aber niemand danach gefragt«, stammelte Christina.
»Dann frage ich dich hiermit: Wirst du Johannes Notz nun heiraten und mit ihm in das Rittergut ziehen?«
»Nein.«
»Bitte, Eduard, ein bisschen mehr Rücksicht solltest du auf ein scheues junges Mädchen nehmen und ihr nicht die Pistole auf die Brust setzen«, eiferte sich Frau Magdalena. »Im übrigen ist es wohl nicht deine Aufgabe, Christina um ihre Hand zu bitten.«
»Johannes hat das bisher nur nicht gewagt, weil er sich nicht sicher ist, welche Antwort ihm Christina geben wird.«
»Das ist ziemlich einfältig von ihm. Ich würde mich an Christinas Stelle auch zieren, wenn mir mein zukünftiger Bräutigam ewig keinen Heiratsantrag macht. Da warst du ganz anders, mein Lieber.«
Während sich Eduard Preterborn von den Worten seiner Frau geschmeichelt fühlte, überlegte die Tochter krampfhaft, wie sie sich jetzt verhalten sollte. Sie musste unbedingt Zeit gewinnen. Aber so oder so – mit Johannes Notz würde sie nie zusammenleben. Jetzt galt es erst einmal, sich vor der bevorstehenden Besichtigung zu drücken.
»Ich bitte euch«, sagte Christina, »lasst mir doch

Zeit, ich bin erst achtzehn und möchte nicht so früh heiraten. Außerdem gefällt es mir bei euch am besten. Die schöne neue Villa und der wunderhübsche Garten – soll ich das alles schon jetzt verlassen? Wir sind doch erst eingezogen und ich habe mich gerade eingelebt.«

»Du solltest das wirklich berücksichtigen, Eduard. Ich würde mich tagsüber sehr einsam fühlen, wenn Christina so schnell wegginge. Johannes Notz bleibt ihr doch sicher. Lass sie noch etwas ihre sorgenfreie Jugend genießen.«

»Du lieber Gott! Sie wird auch dann keine Sorgen haben. Und bis zum Rittergut ist es nur ein Katzensprung, du kannst sie täglich besuchen.«

»Genau das geht eben nicht. Du weißt genau, wie sauer du nach unserer Hochzeit warst, als meine Mutter ständig bei uns auftauchte.«

»Das war schließlich etwas anderes.«

»Nein, das war es nicht. Man soll junge Eheleute grundsätzlich nicht belästigen.«

Christina war derart weise Worte von ihrer Mutter nicht gewöhnt. Aber sie kannte jetzt deren Haltung und war ihr dankbar, dass sie die Tochter nicht allzu schnell aus dem Haus haben wollte.

»Danke, Mama. Ich denke, es ist genau so wie du sagst. Männer wollen nach einem anstrengenden Tag ihren Feierabend genießen. Das sehe ich doch täglich bei Papa. Außerdem muss das Rittergut bestimmt neu hergerichtet werden. Es sieht sehr verfallen aus. Herr Notz wird noch lange nicht einziehen können.«

»Eduard, deine Tochter hat vollkommen Recht. Gönne ihr noch etwas Freiheit.«
»Wenn ich dich so höre, muss ich ja annehmen, du sprichst aus Erfahrung. Dir war wohl unsere Hochzeit auch zu früh?«
»Nun sei nicht verärgert. Ich war immerhin schon zweiundzwanzig Jahre, als wir uns trafen. Da wird es für ein Mädchen bald Zeit, unter die Haube zu kommen.«
»So also hast du das gesehen?«
Jetzt lachte Frau Magdalena: «Ach, du Dummer! Du weißt genau, dass ich wahrlich eine Menge Verehrer hatte. Einige holten sich einen Korb. Ich habe eben auf dich gewartet.«
»Das will ich dir auch geraten haben«, sagte Eduard Preterborn versöhnt.
Sinnend meinte seine Frau dann: »Und doch war es eine wundervolle Zeit – von so vielen jungen Männern umschwärmt zu werden. Ich wünschte, Christina könnte das auch erleben.«
»Bisher schien sie danach nicht allzu große Sehnsucht zu haben.«
»Vielleicht haben wir zu wenig Einladungen angenommen. Immer ging deine Arbeit und dann der Umzug nach Matzinnendorf vor.«
Christina hörte erstaunt dem Zwiegespräch der Eltern zu. Hier bot sich durchaus eine Gelegenheit, die Heiratspläne aufzuschieben. Sie machte sich allerdings nichts daraus, die Gesellschaften und Bälle in der Stadt zu besuchen. Aber vielleicht konnte sie dort zwanglos mit Baron Bertram zusammentreffen.

Das stellte sie sich herrlich vor.
»Ich würde gern öfter ausgehen«, hörte sie sich plötzlich sagen.
»Siehst du, Eduard, ich ahnte es.«
»Trotzdem könnten wir doch wenigstens Verlobung feiern«, warf er ein.
»Aber dann hat Christina nur die halbe Freude. Wenn sie noch frei ist, wird man ihr wesentlich mehr Aufmerksamkeit widmen.«
»Das verstehe, wer will. Dass sich junge Männer vor der Ehe die Hörner abstoßen sollten, das ist nun mal Tatsache. Aber junge Mädchen ...«
»Du willst einfach nicht begreifen. Christina soll sich doch bloß ein bisschen amüsieren. Umso mehr wird sie dann ein Zusammenleben mit Herrn Notz schätzen.«
»Aber das Rittergut sollte sie sich trotzdem ansehen, zumindest die Räume, die sie einmal bewohnen wird.«
»Ja, das sollte Christina. Schließlich legt Herr Notz bestimmt großen Wert darauf, dass ihr alles gefällt.«
»Aber, bitte, nicht vor der Versteigerung«, sagte Christina.
Sie fühlte, sie hatte weit mehr erreicht als zu erwarten war und fuhr fort: »Das macht keinen guten Eindruck auf die Leute im Dorf. Sie stehen alle zu den Rutenfelds. Das weiß ich von einer Freundin. Sie sagte mir, ein neuer Besitzer werde es auf dem Gut sehr schwer haben. Wenn sich erst herumspricht, warum ich bei der Besichtigung dabei bin, wird man auch uns mit Ablehnung begegnen. Und ich fühle

mich hier wirklich wohl, alle sind sehr freundlich zu mir.«

Der Vater schaute sie etwas konsterniert an, aber Frau Magdalena stimmte nach einiger Überlegung zu.

»Tatsächlich, das können wir uns nicht leisten. Ich käme mir ja vor wie beim Spießrutenlaufen, wenn ich zum Markt gehe oder zum Bäcker oder in die Kirche... Ich werde versuchen, das Herrn Notz klarzumachen. Er ist ein verständiger Mann und wird das einsehen. Nein, das können wir uns nicht leisten«, wiederholte sie.

Eduard Preterborn war davon zwar nicht überzeugt, aber er wollte keinen Ärger in der Familie haben.

Christina atmete auf; sie freute sich auf ihr erstes Rendezvous.

Als die Dämmerung einsetzte, schlich sie sich auf den Dachboden. Von zwei der dortigen Fenster konnte sie am besten nach Baron Bertram Ausschau halten. Sie hatte sich längst umgezogen, die Haare ausgiebig gebürstet und ein klein wenig Parfüm genommen. Länger als sonst weilte sie vor dem großen Spiegel in ihrem Ankleidezimmer und betrachtete sich kritisch. Sie wollte schön sein, zum ersten Mal legte sie großen Wert darauf.

Nachdem sie einige Kleider und Röcke verworfen hatte, war sie mit dem türkisfarbenen Kleid, das sich glatt um ihre Hüften schmiegte und ihre Gestalt sehr schlank aussehen ließ, endlich zufrieden. Gern hätte sie etwas Schmuck angelegt, aber man konnte nicht wissen, ob sie den Eltern im Haus noch einmal be-

gnete. Ihnen wäre der ungewohnte Putz aufgefallen. Also entschloss sie sich lediglich für ihr goldenes Halskettchen mit den drei verschlungenen Rosen.
Es war ihr Lieblingsschmuck, den sie zu ihrem vierzehnten Geburtstag von der Großmutter aus Leipzig bekommen hatte. Wie die Zeit vergeht; ich sollte Großmutter Cäcilia endlich wieder einmal besuchen. Bei ihr könnte ich mir Rat holen, überlegte Christina.
Dann erblickte sie ihn. Er kam langsam die schmale, von Pappeln umsäumte Allee herauf, die parallel zur Hauptstraße ging. Von ihr zweigte der kleine Feldweg ab, der in südlicher Richtung an den Gärten der Villenkolonie und den Getreidefeldern vorbei bis zum Fuße des Oberberges führte.
Christina lief schnell die Treppe hinunter, schaute nochmals in den großen Spiegel der Eingangshalle und ging dann, so wenig Geräusche verursachend wie möglich, zum Haupteingang hinaus. Falls sie jemand gesehen hatte, dann erweckte es den Anschein, sie würde wie immer gegen Abend noch einmal in den Garten gehen oder einen kleinen Spaziergang machen.
Sie trafen sich etwas oberhalb der Villa Preterborn. Dort verdeckten Gebüsch und wilde Pflaumen die Sicht auf die Häuser. Hoffentlich merkt er nicht, wie wild mein Herz schlägt, dachte Christina und streckte ihm zur Begrüßung ihre Hand hin. Aber er lächelte nur und nahm sie in die Arme.
Sie fühlte sich unendlich glücklich. Ja, er liebte sie genauso stark wie sie ihn. Seine Küsse brannten heiß

auf ihren Lippen; sie hätte es nie für möglich gehalten, wie schön das sein konnte.

Hand in Hand stiegen sie den Oberberg hinauf, vorbei an jener Stelle, an der sie sich heute begegnet waren, bis zum Gipfel. Hier ließen sie sich auf eine Bank aus rohem Holz nieder, die schon einige Generationen überstanden zu haben schien.

»Als Kind war ich oft mit meinem Bruder und der Erzieherin hier oben«, sagte Bertram. »Sie setzte sich auf diese Bank, und wir durften durch die Wiesen toben. Ich habe noch heute den würzigen Duft des Grases und der vielen Kräuter im Gedächtnis. Es wird mir schwer fallen, von hier fortzugehen.«

»Du willst Matzinnendorf wieder verlassen?«

»Ich muss es verlassen. Du weißt, dass unser Rittergut nicht mehr zu halten ist. Wolfram will sich mit mir heute Abend nochmals unsere Buchhaltung ansehen, damit wir uns ein genaues Bild über unser verbleibendes Vermögen machen können. Viel wird es nicht sein, aber vielleicht reicht es wenigstens dafür, unserem Vater einen würdigen Lebensabend zu bieten. Wolfram wird mit seinen großen Erfahrungen bestimmt bald einen Posten als Verwalter finden. Ich muss etwas Neues anfangen.«

»Das ist ja entsetzlich.«

Christina schaute ihn mit großen, erschrockenen Augen an.

»Wirst du bald weggehen?«

»Eigentlich wollte ich sofort nach der Versteigerung meiner Wege gehen...«

Bertram nahm ihr Gesicht in beide Hände. Dann

strich er ihr zärtlich eine Strähne aus der Stirn und sagte: »Jetzt habe ich dich gefunden und würde am liebsten bleiben.«
»Und das geht nicht?«
»Nein, mein Liebling. Abgesehen davon, dass für mich von der Versteigerung kaum etwas übrig bleiben wird, könnte ich es nicht ertragen, auf Rutenfeld die neuen Besitzer einziehen zu sehen.«
Christina schwieg. Sollte sie ihm sagen, dass sie wusste, wer das Gut zu erwerben trachtet? Und aus welchem Grund Herr Notz es ersteigern will? Was sollte Bertram dann von ihr denken!«
»Bist du traurig?«, fragte er.
»Ja.«
»Das solltest du nicht. Ich werde wiederkommen.«

Als Christina an diesem Abend in ihrem Bett lag, konnte sie keinen Schlaf finden. Es war der bisher ereignisreichste Tag ihres Lebens; sie rief sich jede Einzelheit ins Gedächtnis. Baron Bertram – erst vor Stunden hatte sie ihn getroffen und doch war es ihr, als wären sie seit langem miteinander vertraut.
Trotzdem war ihr Herz von Bangen erfüllt. Würde er wirklich zurückkehren, wie er gesagt hatte? Zurück zu ihr? Zu einem jungen Mädchen, das die Liebe zum ersten Mal erlebt? Nun gut, hässlich war sie nicht, dumm auch nicht. Aber er hatte bestimmt bei allen Frauen Glück. Man musste nur in das strahlende Blau seiner Augen sehen, seine Lippen fühlen. Welche Frau könnte ihm widerstehen?
Christina spürte mit einem Mal, wie die Angst von ihr Besitz ergriff, oder die Eifersucht? Noch nie war sie mit einem derartigen Gefühlswirrwarr konfrontiert worden. Und keiner konnte ihr helfen, damit klarzukommen. Auch Bertram nicht. Er würde sie bestimmt auslachen, wenn sie ihm dieses Chaos schilderte. Dieser Mann war lebenserfahren und wusste bestimmt immer genau, was er wollte.
Wenn sie doch seine Gedanken lesen könnte. Vielleicht hatte er sich gar nicht in sie verliebt? Betrachtete sie nur als Zeitvertreib?
Immerhin hatte sie sich sofort von ihm küssen lassen, hatte sich nicht gegen seine Umarmung gewehrt. Ob er sie für leichtfertig hielt? Sie hatte ihre ganze aufwendige Erziehung vergessen, als seine Lippen sie berührten. Und sie hatte sich sofort auf eine Verabredung eingelassen. Hätte sie sich zieren

sollen? Sie fand keine Antwort. Schließlich stand sie auf und setzte sich ans Fenster.

Der Mond tauchte den Garten in helles, kaltes Licht, irgendwo spielte jemand auf dem Klavier. Die Töne drangen seltsam hart an ihr Ohr. Kein Lüftchen regte sich. Dann erblickte sie die beiden schwarzen Katzen: Mutter und Kind. In Windeseile erklommen sie den kleinen Birnbaum, sprangen auf die Mauer und verschwanden im angrenzenden Feld. Vielleicht soll das Kätzchen heute nacht seine erste Maus fangen. Christina spähte ihnen nach, konnte sie jedoch nicht mehr entdecken. Bald begann sie zu frösteln und stieg wieder in ihr Bett.

Irgendwann musste sie eingeschlafen sein, denn am Morgen fühlte sie sich ausgeruht und die Ängste waren von ihr gewichen. Sie wollte die Tage mit Bertram genießen, alles andere zählte nicht.

Sie hatten vereinbart, sich wieder abends zu treffen. Da waren sie vor zufälligen Begegnungen und fragenden Blicken sicher. Außerdem wollte Bertram mit seinem Bruder die Versteigerung vorbereiten. Aber wenn er zwischendurch Zeit finden würde, käme er zum Oberberg, hatte er gesagt. Sie könnten sich dann kurz sehen. Christina überschlug die Zeit und stellte fest, dass er am frühen Nachmittag bestimmt eine Pause brauchte.

Zu dieser Zeit schlenderte sie langsam dem Oberberg entgegen. Aber er kam nicht. Enttäuscht kehrte sie zurück, die Mutter erwartete sie zur gewohnten Tasse Kaffee.

Lustlos verbrachte sie die nächsten Stunden in der

Bibliothek, ohne sich in ein Buch zu vertiefen. Selbst die neuesten Journale weckten nicht wie sonst ihr Interesse. Immer wieder blickte sie zur großen Standuhr. Sie begrüßte flüchtig den heimkehrenden Vater und schlüpfte dieses Mal durch die Hinterpforte zum Feldweg.

Schon von weitem erblickte sie ihn und rannte erleichtert auf ihn zu. Er umfing sie mit beiden Armen und wirbelte sie im Kreis herum. Atemlos sagte ihm Christina, dass sie am Nachmittag auf ihn gewartet habe.

»Ich wäre gekommen. Aber dann erhielten wir Besuch. Komm, ich werde dir davon erzählen.«

Als sie das vertraute Plätzchen auf der alten Bank eingenommen hatten, sprach Bertram davon, dass sich bei seinem Bruder ein Rechtsanwalt angemeldet hatte.

»Er kam nach dem Mittagessen und teilte uns mit, er hätte Interesse, das Rittergut zu kaufen. Wir waren äußerst erstaunt und wussten nicht so recht, wie wir uns verhalten sollten. Als er uns jedoch sagte, dass damit eine Versteigerung abgewendet werden könnte, wurden wir zugänglicher. Schließlich bot er uns eine Summe, von der wir nicht zu träumen wagten.«

»Heißt dieser Rechtsanwalt Johannes Notz?«

»Du kennst ihn?«

»Allerdings.«

»Was heißt hier allerdings?«

Christina entschloss sich, die Wahrheit zu sagen.

»Meine Eltern haben ihn als zukünftigen Schwiegersohn ausersehen.«

Baron Bertram schaute Christina eindringlich an.
»Und wie stehst du dazu?«
»Ich werde ihn niemals heiraten.«
»Auch nicht, wenn deine Eltern darauf bestehen?«
»Auch dann nicht.«
Jetzt beugte er sich sehr dicht über ihr Gesicht und schaute ernst in ihre Augen.
»Warum willst du ihn nicht heiraten?«
»Weil ich nur dich liebe.«
Christina war selbst erschrocken, als sie diese Worte hervorstieß. Nein, dieses Bekenntnis hätte sie nicht machen dürfen. Sie wusste nicht einmal, welche Gefühle er für sie hegte – und sie offenbarte sich ihm!
Er schaute sie lange an; sie sah ein intensives Leuchten im Blau seiner Augen.
»Ich habe mich vom ersten Augenblick an in dich verliebt, Christina. Ich kann es mir nicht erklären, wie das passiert ist. Aber es ist so, und ich will mich auch nicht länger dagegen wehren.«
»Hast du dich denn dagegen gewehrt?«
»Das musste ich, mein kleines Mädchen. Es wird noch lange dauern, bis ich mir eine Familie leisten kann. Vom Verkauf unseres Gutes bleibt für mich nichts übrig. Wolfram und ich müssen einiges zurücklegen, um für den Vater eine Pflegerin zu bezahlen.«
»Ich kann warten, Bertram.«
»Ach du, meine Liebste ...«
Er küsste sie zärtlich, voll von Dankbarkeit für dieses Bekenntnis.

Dann nahm er ihre Hand und drückte seine Lippen darauf.

»Christina«, sagte er, »du bist noch so jung, achtzehn Jahre – weißt du denn, wie schwer Warten sein kann? Nein, antworte mir jetzt nicht. Ich will dir von meinen Plänen erzählen, und du sollst dir Zeit nehmen, um darüber nachzudenken.«

Er legte den Arm um ihre Schulter, und Christina schmiegte sich eng an ihn. Egal, was er ihr jetzt erzählte; sie würde sich nie von ihm trennen.

»Du weißt«, fuhr er fort, dass ich meinen Abschied als Offizier genommen habe. Ich bereue es nicht, das Kriegshandwerk liegt mir sowieso nicht. Ich habe bei der Wahl meines Berufes lediglich die Wünsche meiner Eltern erfüllt – und die Familientradition. Was hätte ich auch anderes tun sollen! Für die Landwirtschaft habe ich kein Interesse, und außerdem stand fest, dass der älteste Sohn das Rittergut übernehmen wird. Ich ging also zum Militär und versuchte mehr recht als schlecht, meinen Dienst zu verrichten.

Irgendwie war ich innerlich nicht beteiligt. Diese Leere machte mir sehr zu schaffen und ich war froh, wenn mich befreundete Offiziere aufforderten, mit ihnen ins Casino zu gehen oder eine Einladung zu den Honoratioren der Garnison anzunehmen. Ich verbrauchte viel Geld, machte mir darüber aber kaum Gedanken. Mir kam keine Ahnung, wie schlimm es um Rutenfeld steht. Das begreife ich erst jetzt.«

»Wusste dein Bruder davon?«

»Ja, natürlich. Seit Vater im Rollstuhl ist, hat er sämtliche Aufgaben übernommen, die so ein Gut mit sich bringt. Aber mir hat er nicht ein Wort davon geschrieben, dass Rutenfeld so stark verschuldet ist.«

»Vielleicht wollte er dich nicht beunruhigen?«

»Das habe ich bis heute Nachmittag auch angenommen. Doch als uns dieser Herr Notz verlassen hatte, bat mich Wolfram in sein Arbeitszimmer. Er legte mir eine lange Liste mit all den Ausgaben vor, die mein Vater wegen mir hatte seit ich Offizier geworden bin. Er erklärte mir, ich hätte meinen Anteil am Rittergut längst verbraucht. Käme der Vertrag mit diesem Rechtsanwalt zustande, dann würde das nach Begleichung der Schulden und der Rücklage für Vater verbleibende Geld ihm gehören. Darauf hätte nur er Anspruch.«

Nach kurzem Schweigen fuhr er fort: »Obwohl ich weiß, er hat Recht, war ich entsetzt. Er ist mein Bruder, und nie hätte ich erwartet, dass er mich von einer Stunde zur anderen damit konfrontiert. Dass ich nichts zu erwarten habe, war mir klar – aber wie er mir alles vor den Kopf geworfen hat, das kann ich einfach nicht begreifen.«

»Und dein Vater, was sagt er dazu?«

»Ihn will ich mit unserem plötzlichen Konflikt auf keinen Fall behelligen. Er hat es schwer genug. Seit dem Schlaganfall ist er ein anderer geworden; er interessiert sich für nichts mehr, wird immer depressiver und verlässt sich in allem auf unsere Martha. Aber sie schafft seine Pflege nicht mehr. Wenigstens in dieser Hinsicht hat Wolfram ein Einsehen.«

»Aber wohin soll dein Vater, wenn das Rittergut verkauft ist?«

»Das hatte sich Herr Notz schon überlegt. Wenn ich von dir nicht erfahren hätte, was deine Eltern beabsichtigen, ich würde ihn sogar sympathisch finden.«

Christina wollte darauf nichts erwidern, und so fuhr Bertram fort: »Er sagte uns, er verstehe von Landwirtschaft nichts und möchte seinen Beruf als Rechtsanwalt nicht aufgeben. Er wolle aber die zum Gut gehörigen Felder und Wiesen nicht verpachten. Es solle alles so bleiben wie bisher, allerdings müssten das Herrenhaus und auch die Wirtschaftsgebäude völlig erneuert werden. Dann fragte er Wolfram, was er nach dem Verkauf zu tun gedenke. Mein Bruder zuckte die Schultern und meinte, er würde schon irgendwo eine Stelle als Verwalter finden. Daraufhin bot ihm der Rechtsanwalt an, auf dem Gut zu bleiben. Er brauche einen tüchtigen Verwalter, und für den alten Baron sei es auch besser, weiterhin hier zu leben. Wolfram sagte sofort zu, und auch ich war erleichtert.«

»Dann werden beide im Herrenhaus wohnen bleiben?«

»Vorläufig ja. Der Rechtsanwalt hat alles genau bedacht. Er sagte, er werde zuerst das Verwalterhaus und die Wirtschaftsgebäude fertigstellen lassen. Wenn das erledigt sei, könne Wolfram mit dem Vater dort einziehen. Er selbst brauche das Herrenhaus erst dann, wenn er sich verheirate. Ich hatte natürlich keine Ahnung, dass er dabei an diese Christina Preterborn dachte und war sehr erleichtert.«

»Er wird eine andere Frau finden, Bertram. Aber was wirst du tun?«
»Ja, das ist das Problem. Aber vielleicht geht für mich jetzt ein alter Wunsch in Erfüllung. Ich hatte beim Militär einen guten Freund, dem der stupide Dienst regelrecht verhasst war. Er schwärmte von den neuen Flugzeugen, die jetzt gebaut werden. Am liebsten würde er sich zum Piloten ausbilden lassen, meinte er. Das einzige, was ihn daran hindere, sei seine Angst vor einem Krieg. Wenn er dann aus der Luft beobachten müsste, wie sich deutsche und französische Soldaten niedermetzelten, das wäre bei seiner großen Sympathie für Frankreich unerträglich.«
Schnell sprach er weiter: »Als ich ihm zu bedenken gab, dass er mit seiner jetzigen Kompanie erst recht auf dem Schlachtfeld eingesetzt würde, stimmte er mir sofort zu. Schließlich bekannte er, dass er sein Abschiedsgesuch schon geschrieben, aber noch nicht eingereicht hätte. Wenn ich mit zu den Fliegern käme, dann könnten ihn hier keine zehn Pferde mehr halten. Und vielleicht werde alles nicht so schlimm, immerhin stecke die Luftfahrt erst in ihren Anfängen. Später könne er sich dann irgendwo als Privatpilot verdingen.«
Nach einer Pause, in der sich Bertram erhob und einige Schritte hin und her ging, fügte er hinzu: »Mir gingen seine Pläne nicht aus dem Kopf. Das war endlich ein erstrebenswertes Ziel. Und als Karl von Baldaus seine Pläne wahr machte und mir den ersten begeisterten Brief schrieb, beneidete ich ihn. Später

erreichte mich die Nachricht von der bevorstehenden Versteigerung unseres Rittergutes. Mir blieb nichts anderes übrig, als mich vom Militär zu trennen. Nun denke ich nochmals über den Vorschlag meines Freundes nach. Pilot zu werden – das reizt mich sehr.«

Christina sah ihn erschrocken an: »Aber dann musst du weit fort von hier.«

»Ja. Hier in der Nähe werde ich kein Betätigungsfeld finden, das mir gefällt. Und wenn ich es erst einmal geschafft habe, allein ein Flugzeug zu steuern ... Ich könnte dann als Testpilot gutes Geld verdienen und mir eine Familie leisten.«

»Das ist doch total gefährlich! Nein, das solltest du nicht tun!«

Bertram Rutenfeld schlug das Herz schneller. Wie besorgt seine Christina um ihn war. Trotzdem wurde ihm in dieser Stunde klar, dass er sich bereits entschieden hatte. Er würde alle Gefahren überstehen. Christina fühlte das. Obwohl sie den Tränen nahe war, wollte sie ihm das nicht zeigen. Was sollte er auch tun? Er würde es bestimmt schaffen, dann könnte sie für immer bei ihm bleiben. Während er nach besänftigenden Worten suchte, schmiegte sie sich eng in seine Arme. Das wirkte beruhigend, und sie konnte seinen Ideen wieder folgen.

Bertram bemühte sich, ihr verständlich zu machen, dass die in den Anfängen steckende Entwicklung von Flugzeugen seine große Chance sei. Er malte ihr in den schönsten Farben aus, wie einmalig es sei, die Erde von oben zu sehen. Dabei holte er sich selbst

Mut, er wusste schließlich noch nicht, ob man ihn überhaupt nehmen würde. Er werde noch heute Karl von Baldaus schreiben.

Nach dieser Erklärung gingen sie schweigend den Feldrain entlang. Erst als die Villa der Preterborns in Sicht war, umarmten sie sich stürmisch. Beide waren im Bilde, dass eine Entscheidung gefallen war. Dann rannte Christina los; sie musste einige Zeit allein sein, bevor sie den Eltern unter die Augen treten konnte.

Bertram Baron Rutenfeld trat den Heimweg sehr langsam an. Trotz des Optimismus, den er gegenüber Christina von sich gegeben hatte, war er durchaus nicht zuversichtlich. Alles hing von der Fürsprache des Freundes ab. Aber er hatte keine andere Wahl.

Am liebsten wäre er nicht mehr auf das Gut zurückgekehrt, so tief saß seine Enttäuschung über den Bruder. Doch er musste noch einige Zeit durchstehen. Wohin sollte er sich sonst wenden? Außerdem war da der Vater – um ihn wollte er sich in der verbleibenden Zeit mehr kümmern als bisher.

Als Bertram zum Oberberg aufgebrochen war, wusste der alte Baron noch nichts von dem bevorstehenden Verkauf an den Rechtsanwalt. Inzwischen wird Wolfram ihm alles mitgeteilt haben, sagte er sich. Hoffentlich ist der Bruder mit dem Vater schonender umgegangen als mit mir. Bertram war davon unterrichtet, dass dieser dem Vater grollte, weil er ihn viel zu spät in die prekäre Situation des Gutes eingeweiht hatte.

Dann sprangen seine Gedanken zu Christina. Wie tapfer sie war! Und wie selbstlos in ihrer Liebe. Ob sie es schafft, sich lange Zeit gegen die Wünsche der Eltern zu stellen? Es wäre nicht auszudenken, wenn sie als Herrin in das Rittergut Einzug hielte, als Frau eines anderen. Bertram wurde in dieser Sekunde deutlich, dass er sie keinem anderen gönnte. Sie brachte eine Saite in ihm zum klingen, von der er zuvor nichts ahnte.
Das weibliche Geschlecht hatte ihn wahrlich nicht stiefmütterlich behandelt und hin und wieder seine Leidenschaft entfacht. Aber Liebe – nein, die kannte er bisher nicht. Und jetzt hatte sie ihn plötzlich gepackt, aus heiterem Himmel, nicht vorhersehbar. Konnte er Christina einer ungewissen Zukunft überlassen? War er dazu berechtigt? Wenn er sich dieser Frage ernstlich stellte, dann müsste er eigentlich auf seine Wünsche verzichten. Doch das konnte er nicht mehr, ihm war, als hätte das Schicksal ihm in der Begegnung mit Christina den einzuschlagenden Weg gewiesen.
Diese Erkenntnis machte ihn zuversichtlich. Er war jung, bereit, alles Schwere zu meistern. Warum sollte er nicht das tun, was er sich erträumte?
Jetzt wollte er erst einmal zum Vater gehen. Würde dieser seine Pläne gut heißen?

Christina begegnete in der Vorhalle Elli, dem Hausmädchen.

»Ein Glück, dass Sie endlich da sind, Fräulein Preterborn. Ihre Mutter hat schon mehrfach nach Ihnen gefragt. Ich glaube, sie erwartet einen Gast. Die Köchin bereitet jedenfalls ein erweitertes Menü vor.«

»Großer Gott«, entfuhr es ihr, »dann muss ich mich beeilen.«

Sie stürmte die Treppe empor; es blieb keine Zeit lange zu überlegen, welches Kleid sie tragen wollte. Außerdem war es ihr völlig egal, was für einen Eindruck sie auf Johannes Notz machen würde. Dass er der angekündigte Gast war, erschien ihr zweifellos.

Kaum hatte sie ihr Haar in Ordnung gebracht, hörte sie die beiden Autos vorfahren und später die laute Stimme des Vaters, dem es wieder einmal schwer fiel, das große Garagentor zu öffnen. Dann klopfte es an ihrer Tür, Elli bat sie zu Tisch.

Johannes Notz hatte für die Damen wunderschöne Herbstblumen mitgebracht: in gelben und braunen Tönen für Frau Preterborn und von rosé bis dunkelrot für Christina. Das Mädchen konnte nicht umhin, ihren Strauß zu bewundern. Johannes Notz hatte Geschmack, das musste man ihm lassen.

Da der Vater bester Laune war und hauptsächlich das Tischgespräch bestritt, fiel das Schweigen der Tochter nicht auf. Christina hatte Mühe, das Essen überhaupt anzurühren. Sie war noch immer aufgewühlt von dem Gespräch mit Bertram und konnte den Erörterungen des Vaters kaum folgen. Erst als sie das große Speisezimmer mit den etwas düster wirkenden Möbeln verließen und den Mokka im angrenzenden Salon einnahmen, warf sie hin und wieder eine kleine Bemerkung ein.

Johannes Notz wunderte sich, wie wortkarg Christina heute war. Schließlich fragte er, ob sie das Gespräch, das inzwischen die Politik umfasste, langweile.

»Aber nein«, bemühte sie sich zu versichern, »ich habe nur ein wenig Kopfweh.«

»Hast du deshalb so einen ausgiebigen Spaziergang unternommen?«, fragte die Mutter.

»Es hat leider nicht geholfen.«

Dann horchte das Mädchen doch auf. Der Rechtsanwalt erzählte, dass er mit den Rutenfelds über die Kaufsumme verhandelt habe und sie sich einig geworden seien.

»Nun muss der alte Baron wenigstens keine demütigende Versteigerung über sich ergehen lassen«, fügte er hinzu.

»Sie sind ein sehr einfühlsamer Mensch, Herr Notz«, bemerkte die Mutter. »Ich habe gehört, die Rutenfelds hätten jahrelang weit über ihre Verhältnisse gelebt. Das dürfte dem Baron doch nicht verborgen geblieben sein.«

»Daran war wohl in der Hauptsache seine Frau schuld«, warf ihr Mann ein. »Sie stammte aus einer verarmten Adelsfamilie und wollte sich wohl nach ihrer Heirat für alle Entbehrungen entschädigen. Der Baron soll nicht versucht haben, sie zu bremsen. Als sie dann so frühzeitig starb, ließ er das Rittergut endgültig verkommen. Er konnte sich mit ihrem Tod

nicht abfinden. Nachdem der junge Baron Wolfram dann alles in seine Hände nahm, war schon nichts mehr zu retten.«
»Ja, das ist sehr bedauerlich«, sagte Johannes Notz. »Er scheint ein sehr tüchtiger Landwirt zu sein und machte mir den besten Eindruck.«
»Und der andere Rutenfeld?«, fragte die Mutter.
»Ich hörte, er sei zurückgekehrt. Aber er scheint im Dorf nicht besonders beliebt zu sein. Er habe sich um nichts gekümmert, sagt man, und das Geld als Offizier nur so zum Fenster hinausgeworfen.«
»Aber Magdalena, ich denke, du richtest dich in deiner Meinung nicht nach dem Gerede der Leute. Ich bin ihm in der Stadt begegnet, nachdem er auf dem Bahnhof angekommen war. Er wirkt sehr schneidig, sieht blendend aus. Die Mädchen aus dem Dorf werden sich die Köpfe nach ihm verrenken.«
»Da er arm ist, findet sich vielleicht eine reiche Bauerntochter«, sagte die Mutter. »Aber lassen wir das, was kümmert uns der junge Baron.«
An Johannes Notz gewandt fragte sie: »Werden Sie viel Geld in das Rittergut investieren müssen?«
»Das schon. Aber mein Vater hat für mich finanziell sehr gut vorgesorgt. Außerdem läuft meine Kanzlei blendend. Ich kann es mir also leisten.«
Er schaute dabei zu Christina, die ausgiebig in ihrer Tasse rührte und den Kopf gesenkt hielt. Niemand sollte bemerken, wie empört sie bei den Bemerkungen über Baron Bertram war. Sie wäre am liebsten aufgesprungen, um den Salon zu verlassen. Vor allem der Hinweis der Mutter über eine reiche Heirat mit

einer Bauerntochter trieb ihr die Schamröte ins Gesicht.

»Wirst du hiesige Handwerker für den Umbau einsetzen, Johannes?«, fragte der Vater.

Er hatte ihm vor einigen Wochen das Du angeboten, obwohl Frau Magdalena das verfrüht fand. Doch er lachte sie aus und meinte, das wäre der Freundschaft förderlich und nehme ihr den förmlichen Rahmen. Außerdem habe Johannes dadurch seine steif wirkende Zurückhaltung aufgegeben.

»Ich habe mit Handwerkern keinerlei Erfahrung. Aber ich glaube nicht, dass es hier im Dorf genügend Fachkräfte gibt. Könntest du mir einen Rat geben, Eduard?«

»Natürlich. Am besten du greifst auf den Architekten zurück, der unsere Villenkolonie konzipiert hat. Er kann am besten beurteilen, welche Leute gebraucht werden, und er hat alle an der Hand. Die Zeiten sind schließlich nicht rosig, du wirst die Handwerker zu günstigen Konditionen bekommen. Ich gebe dir seine Adresse und die Telefonnummer. Er wohnt übrigens nicht weit entfernt von deiner Kanzlei.«

»Wunderbar. Ich hatte schon überlegt, ob ich Baron Wolfram bitten sollte, die Aufsicht zu übernehmen. Aber er hat genug zu tun, um die Landwirtschaft wieder auf Vordermann zu bringen. Und seinen Bruder wollte ich nicht bitten. Ich glaube nicht, dass er in Matzinnendorf bleiben will.«

»Woher wollen Sie das wissen, Herr Notz?«, fragte Christina.

Sie sah Bertram schon als Leiter des Umbaus. Dann würde er hier bleiben, hier bei ihr. Das wäre die beste Lösung.

»Er sieht einfach nicht aus wie einer, der hierher gehört. Ich hatte den Eindruck, bei ihm existiert keine tiefe Beziehung zum Rittergut. Er schien ziemlich froh zu sein, dass ich den Kauf so schnell wie möglich erledigen will.«

Christina hätte ihn am liebsten gebeten, es trotzdem mit Baron Bertram zu versuchen. Das ging leider nicht.

So sagte sie lediglich: »Hoffentlich hat der Architekt auch das richtige Gespür für so ein wertvolles altes Rittergut.«

»Interessiert Sie das Gut? Ich würde es Ihnen gern zeigen.«

»Nein, nein«, wehrte sie ab. »Es soll recht heruntergekommen sein, und daraus mache ich mir überhaupt nichts.«

Sie merkte seine Enttäuschung über ihre herbe Ablehnung. Wie konnte sie sich auch auf einen Disput über Rutenfeld einlassen!

Jetzt griff die Mutter ein: »Christina, du könntest Herrn Notz vielleicht doch die Freude machen und ihn bei einer Besichtigung begleiten. Ich würde es sehr interessant finden, mir einmal alles anzusehen.«

Christina war ärgerlich, dass die Mutter plötzlich nichts mehr von dem kürzlichen Gespräch und den Gründen ihrer Ablehnung wissen wollte.

»Dann kannst doch du Herrn Notz begleiten«, gab sie zurück und war sich im selben Augenblick be-

wusst, wie ungehörig sie reagiert hatte. »Entschuldige bitte, Mama, meine Kopfschmerzen haben sich weiter verschlimmert, und ich habe meine Worte nicht so gemeint.«
»Du solltest eine Tablette schlucken«, ließ sich der Vater vernehmen.
»Das habe ich schon getan, aber es hat nicht geholfen.«
Christina versuchte, mit einer Notlüge die Situation zu retten.
»Hoffentlich haben Sie sich nicht erkältet«, warf Johannes Notz ein. »Zur Zeit geht wieder einmal eine Grippe um. Vielleicht sollten Sie sich ein wenig hinlegen und einen heißen Tee trinken«, meinte er besorgt.
»Das wäre wahrscheinlich das beste«, entgegnete sie und hoffte, sich endlich zurückziehen zu dürfen.
Obwohl das überhaupt nicht im Sinne der Eltern war, stimmten sie zu. Die Mutter begleitete sie sogar zu ihrem Schlafzimmer und ging dann in die Küche, um für die Tochter Kräutertee zu bestellen.
Diese war froh, endlich allein zu sein. Nicht eine Minute länger hätte sie das Gespräch ertragen.
Als Christina am nächsten Morgen zum Frühstück erschien, war der Vater bereits weggefahren. Die Mutter machte ihr über das gestrige Verhalten Vorhaltungen.
»So schlimm kann es wirklich nicht mit deinen Kopfschmerzen gewesen sein. Du siehst frisch und gesund aus.«
»Der Kräutertee hat Wunder gewirkt, Mama.«

»Das freut mich. Trotzdem hättest du den Vorschlag unseres Freundes nicht ablehnen dürfen.«
»Das hatten wir doch alles schon einmal besprochen.«
»Leider, aber du musst eingestehen, dass Herr Notz wirklich sehr großzügig mit der Familie des Barons umgeht.«
»Wieso?«
»Du hast wegen deiner Kopfschmerzen verpasst, als er uns seine Pläne für das Rittergut erläuterte. Also, höre dir an: Herr Notz hat dem Baron Wolfram angeboten, für immer mit seinem Vater auf Rutenfeld zu bleiben. Vorläufig soll er noch im Herrenhaus wohnen, und später dann in das renovierte Verwalterhaus umziehen. Er hat sofort zugestimmt. Einen besseren Posten würde er nirgends finden. Und wer weiß, wie lange der alte Baron noch lebt. Vielleicht muss er das Herrenhaus nicht einmal verlassen.«
Christina hatte das in ähnlicher Weise von Bertram gehört und fragte jetzt: »Ist der alte Baron denn so krank?«
»Herr Notz sagte, es sei nicht nur der Schlaganfall, der ihn so schwach mache. Er meinte, der Baron habe kein Interesse mehr am Leben. Wenn das so ist, dann geht es schnell bergab.«
»Und was wird der jüngere Baron tun?«, wagte Christina zu fragen.
»Ach, der wird schon einen Weg finden. Herr Notz meinte, dass er einen tatkräftigen Eindruck mache.«
Christina hätte gern darüber noch mehr erfahren. Aber weitere Fragen könnten die Mutter auf ihr In-

teresse an Baron Bertram aufmerksam machen. Zumindest, so sagte sie sich, scheint Johannes Notz ihn nicht abzulehnen. Vielleicht würde Bertram den Umbau beaufsichtigen und in Matzinnendorf bleiben. Diese Idee machte sie wieder fröhlich.
Spontan beschloss sie, heute einige Einkäufe zu erledigen und dann einen Blick auf das Rittergut zu werfen.
Um die aus alten Feldsteinen errichtete Mauer des Rittergutes führte ein schmaler, von Kastanien eingesäumter Reitweg, den jetzt kaum jemand benutzte. Vielleicht würde sie von dort aus Bertram erspähen und könnte ihm ein Zeichen geben, dass sie etwas mit ihm zu besprechen habe.
Die Mutter gab ihr einige kleine Aufträge, die sie schnell erledigen konnte. Zuerst ging sie beim Uhrmacher vorbei, um eines ihrer goldenen Kettchen abzuholen, das sie sich beim Beerenpflücken zerrissen hatte. Dann besorgte sie für Mutters Stickereien neues Garn und bestellte beim Bäcker für das Wochenende frischen Zuckerkuchen. Es war das Lieblingsgebäck des Vaters, und selbst die sonst so pfiffige Köchin der Familie konnte in diesem Falle mit dem Bäcker nicht konkurrieren.
Vergnügt bog das Mädchen von der Hauptstraße ab und überquerte den kleinen, erhöhten Platz mit der Dorfgaststätte und dem Bürgermeisteramt. Von hier aus konnte Christina das Dach des Rittergutes erblicken.
Sie erreichte schnell den schattigen Weg unter den Kastanien, deren Blätter den Herbst erst vermuten

ließen. Auch die Früchte schienen noch fest in ihrer grünen Schale zu schlafen. Die ersten Herbststürme werden sie zu Boden schleudern, dachte das Mädchen. Dann ist es mit der Stille vorbei, die Kinder des Dorfes tummeln sich hier und sammeln Kastanien.
Als Christina am äußersten Ende der Mauer ankam, konnte sie sehr gut über die Feldsteine in den Gutshof blicken. Die obersten Reihen waren längst aus den Fugen gebrochen und vertieften den Eindruck des Verfalls. Aber der Innenhof machte einen gepflegten Eindruck, die Wirtschaftsgebäude schienen entschieden besser instand zu sein, als sie erwartet hatte. Sie verbargen jedoch die Sicht auf das große Herrenhaus und dessen Auffahrt. Auch als sie um die nächste Biegung des Reitweges ging, konnte sie nur das oberste Stockwerk des Gebäudes erkennen, denn nun verdeckten die Bäume des Parks den Einblick. Dass sie daran nicht gedacht hatte, sie war doch schon mehrmals hier gewesen!
Ob sie versuchen sollte, am Haupteingang vorbei zu schlendern? So ganz zufällig? Das große Tor stand meist offen, wusste sie. Warum eigentlich nicht?
Als sie es erreicht hatte, war kein Mensch zu sehen.
Die Enttäuschung schien ihr ins Gesicht geschrieben zu stehen, denn die Person, die mit großen Schritten dem Gut zustrebte und sie höflich grüßte, sah sie fragend an. Es war Wolfram Baron Rutenfeld. Christina wollte schnell vorübergehen, aber er sagte unvermittelt: »Bald wird es hier völlig anders aussehen. Man sollte diesen Blick vom Tor aus so oft wie möglich genießen.«

Dann schaute er sie noch einmal kurz an und schritt wortlos in den Hof.
Christina wusste nicht, was sie von dieser Begegnung halten sollte. Noch nie hatte dieser Baron Rutenfeld das Wort an sie gerichtet, obwohl sie ihm manchmal im Dorf begegnet war. Sie wechselten lediglich den üblichen flüchtigen Gruß der Einheimischen.
Auf dem Rückweg schweiften ihre Gedanken mehrmals zu der eigenartigen Begegnung zurück. Warum musterte er sie derart? Ob ihm Bertram etwas erzählt hatte? Aber die beiden Brüder harmonierten doch nicht mehr miteinander.
Oder hatte Johannes Notz bei seinem Besuch eine Andeutung auf seine zukünftige Frau gemacht? Auch das schloss Christina aus.
Am besten, ich schiebe diese Begegnung zur Seite und denke nicht mehr daran, sagte sie sich. Wichtiger ist, wie ich Bertram überreden könnte, in Matzinnendorf zu bleiben.
Als würden sich ihre Gedanken begegnen, sann zur gleichen Zeit Baron Bertram an seinem Schreibtisch über die Zukunft nach. Er hatte den Brief an Karl von Baldaus am Morgen zur Post gebracht und rechnete sich aus, wie lange er auf Antwort warten müsse. Ihn beunruhigte, ob der Freund überhaupt genügend Einfluss hat. Bertram war der Typ, der sich – hatte er einmal einen Entschluss gefasst – voll und ganz auf das Ziel konzentrierte. Das Warten fiel unendlich schwer.
Da er jetzt die Gesellschaft Wolframs weitgehend mied, verbrachte Bertram täglich mehrere Stunden

beim Vater. Er wollte ihn etwas erheitern. So erzählte er ihm einige Lausbubenstreiche seiner Kindheit, die der Vater noch nicht kannte.

Größeres Interesse bemerkte er bei ihm allerdings nur, wenn er über seinen Dienst als Offizier berichtete.

Dann leuchteten die Augen des alten Baron; er war stolz auf seinen jüngsten Sohn. Es bekümmerte ihn sehr, dass dieser wegen der finanziellen Misere seinen Abschied nehmen musste.

Als Bertram an diesem Vormittag den Rollstuhl des Vaters in den Park schob und ihn mit seinen weiteren Plänen vertraut machte, stand endlich wieder ein Lächeln auf dessen Lippen.

Bertram hatte Wolfram gesehen, als dieser das Gut verließ. Es war die beste Zeit, ungestört mit dem Vater zu sprechen. Er legte ihm ausführlich dar, wie er Karl von Baldaus als Freund schätzen gelernt und wie ihm dieser mit seinem Traum vom Fliegen angesteckt hatte.

»Ich habe ihm geschrieben und angefragt, ob sich auch für mich ein Platz finden ließe. Es wäre das Richtige für mich.«

»Aber es ist gefährlich«, meinte der Vater. »Doch dich wird das nicht abhalten.«

»Genau.«

»Ich denke, du hast eine gute Wahl getroffen. Ich werde stolz auf dich sein. Wann verlässt du uns?«

»Das hängt von der Antwort meines Freundes ab.«

»Gibt es keinen anderen Weg? Ich habe noch immer viele gute Beziehungen zu alten Freunden.«

»Darauf können wir zurückkommen, falls es bei Karl Schwierigkeiten geben sollte.«
»Ja, mein Sohn. Wenn hier alles in die Brüche geht, musst du weit weg sein. Es ist erniedrigend wie so ein neureicher Rechtsanwalt daherkommt und uns das Rittergut abkauft. Ich verstehe Wolfram nicht, dass er den Verwalterposten angenommen hat. Aber vielleicht hält ihn sein Herz hier fest.«
»Meinst du damit das Gut oder eine Frau?«
»Vielleicht beides.«
Bertram sann diesen Worten nach. Möglich konnte es schon sein. Vielleicht hütete Wolfram sein Geheimnis genau so wie er selbst. Nun, das war dessen Problem.
Dann fragte er aber doch den Vater: »Hat er dir davon erzählt?«
»Wo denkst du hin! Er war schon immer verschlossen und jetzt erst recht. Er verübelt es mir sehr, dass ich mit dem Gut nicht zurande gekommen bin. Landwirt zu sein, das war nicht mein Ziel. Offizier, ja, das hätte mir gefallen. Aber so ist es nun mal mit dem ältesten Sohn, und außerdem sehnte sich deine Mutter danach, die Gutsherrin zu spielen. Sie hat es verstanden, Feste zu arrangieren, Gäste einzuladen. Als du noch klein warst, stand unser Gut im Mittelpunkt der Geselligkeiten in der näheren und weiteren Umgebung. Es war eine schöne Zeit.«
Bertram konnte sich an die Mutter kaum erinnern. Es war kurz vor seinem fünften Geburtstag, als sie starb. Da er meist auf seine Kinderfrau angewiesen war, fand er es damals am traurigsten, auf eine Ge-

burtstagsfeier und die vielen Geschenke verzichten zu müssen. Später schämte er sich deshalb und ging vielleicht aus diesem Grunde öfter als Vater und Bruder zu ihrem Grab.
Nach einigen Minuten des Schweigens nahm der Vater das Gespräch wieder auf.
»Ich habe keine Lust, mit Wolfram in das Verwalterhaus einzuziehen. Aber es wird mir wohl nichts anderes übrig bleiben.«
Dann fügte er leise hinzu: »Wenn er mal heiratet, komme ich mir völlig überflüssig vor. Doch dann bin ich bestimmt längst unter der Erde.«
Bertram wollte ihm widersprechen, brachte jedoch nicht die rechten Worte hervor. Der Arzt hatte Baron Arnim nur noch eine kurze Lebensfrist gegeben, die Brüder allerdings gebeten, sich nichts anmerken zu lassen.
So sagte Bertram lediglich: »Ich hoffe sehr, dass du mir noch lange erhalten bleibst.«
»Wenn du eine freundliche, schöne Frau hättest, so wie deine Mutter war, dann käme ich zu dir. Du warst schon immer mein Lieblingssohn, wir beide würden uns bestimmt verstehen. Aber Wolfram und ich . . . Wir haben uns entfremdet. Ich weiß nicht einmal, ob er es bedauern würde, wenn ich sterbe.«
»Vater, Wolfram liebt dich doch auch. Er kann seine Gefühle nur nicht so zeigen. Er würde viel darum geben, dass es dir besser geht.«
»Wenn du meinst«, sagte der Vater wenig überzeugt. Dann fügte er hinzu: »Du musst einmal eine reiche Frau heiraten. So ohne Geld, das ist kein Leben.

Aber hässlich darf sie nicht sein. Und jetzt sage mir ehrlich, hast du dich in der Damenwelt schon einmal danach umgesehen?«
»Nach einer vermögenden Frau habe ich nicht Umschau gehalten. Aber es gibt ein wunderschönes Mädchen...«
»Dachte ich es mir doch! Und sie wird genauso arm sein wie du.«
»Arm ist sie nicht. Aber ich will das Geld ihrer Eltern nicht. Ich werde sie heiraten, wenn ich ihr zumindest soviel zu bieten habe, dass sie sorgenfrei mit mir leben kann. Und dann möchte ich viele Kinder haben.«
»Das wird wohl seine Zeit dauern. Zu schade, ich würde gern meine Enkel aufwachsen sehen. Aber lassen wir das, ich benehme mich wie ein alter Tattergreis. Ich weiß, du wirst deinen Weg machen, Bertram. Das ist mir ein großer Trost.«
»Ich werde mich sehr bemühen, Vater.«
»Und jetzt bitte ich dich, bringe mich zu der kleinen Sitzgruppe im Park. Dort habe ich mit deiner Mutter oft gesessen, später allein. Wenn sich der Hebst erst einmal von seiner schlechten Seite zeigt, kann ich mich nicht mehr draußen aufhalten. Martha hat es mir schon jetzt verboten. Aber wir werden sie überlisten.«
Bertram fühlte, dass es wohl einer der letzten Spaziergänge mit dem Vater ist.
Kaum hatten sie das mit Weinlaub überwucherte Plätzchen erreicht, fröstelte der alte Baron. Er strich wie abschiednehmend über die zierlichen Stühle

und den Tisch. Dann bat er seinen Sohn, ihn zurück ins Haus zu bringen.
Dieser betrachtete ihn sorgenvoll. Das Gespräch schien ihn erschöpft zu haben. Martha kam ihnen bereits entgegen. Eigentlich wollte sie mit dem jungen Baron schimpfen, aber als sie das Lächeln ihres Herrn sah, schwieg sie.
»Bis zum Mittagessen braucht Ihr Vater Ruhe«, sagte sie lediglich.
Sie konnte Baron Bertram nicht böse sein, wenn er sie derart anstrahlte. Das war seit seiner Kindheit so, Martha deckte manchen seiner Streiche. Und sie bewahrte den jüngeren oft vor den Bosheiten des älteren Bruders oder tröstete ihn anschließend.
Lange war er aber mit Wolfram nicht uneins. Bertram vergötterte ihn und verzieh schnell. Erst später ließ er sich nichts mehr gefallen, und es kam zu Streitigkeiten. Als Bertram dann zum Militär ging, hörten die Brüder wenig voneinander. Bertram schrieb ausschließlich dem Vater und schickte lediglich Grüße mit, die Wolfram über des Vaters Briefe erwiderte.
Jetzt schien es Martha, dass sich die Brüder irgendwie aus dem Weg gingen.
Wolfram war schon immer wortkarg, man wusste nie, was er dachte. Dagegen war Baron Bertram bei jedermann beliebt. Trotz der Misere mit dem Rittergut hatte er für alle ein gutes Wort, scherzte mit der Köchin und den Mägden und auch mit ihr, der alten Martha. Und doch musste es auch in seinem Inneren trüb aussehen.
Martha wusste, dass er an Rutenfeld hing und sich

wegen des Vaters große Sorgen machte. Sie ahnte auch, dass seine Zukunft in den Sternen lag. Ganz im Gegensatz zu dem Bruder. Der hatte sich sofort mit dem neuen Herrn eingelassen, hatte keinen Stolz! Nein, Martha konnte nicht verstehen, dass er den Verwalterposten bei diesem Rechtsanwalt sofort annahm. Er war doch ein tüchtiger Landwirt, auf einigen Gütern in der Nachbarschaft hätte man ihn mit Kusshand eingestellt. Dann brauchte der alte Baron Arnim nicht mit anzusehen, wie hier alles verändert werden soll. Solange er lebt, bleibe ich bei ihm, dachte sie. Aber dann werde ich zur Tochter ins Altgedinge ziehen, dem kleinen Witwenhaus, das zum Gehöft ihres Schwiegersohnes in Matzinnendorf gehört.
Dieses Vorhaben sollte schneller wahr werden als gedacht. Am späten Nachmittag erlitt Baron Arnim einen erneuten Schlaganfall. Er kam nicht wieder zu Bewusstsein und verschied in den frühen Morgenstunden. Die beiden Söhne wachten die ganze Nacht an seinem Bett. Als Martha ihnen einen starken Kaffee gekocht hatte und diesen ins Zimmer brachte, hatte der alte Baron seinen letzten Atemzug getan.

Cristina hörte vom Tod des Barons gegen Abend, als sie sich zum Treffen mit Bertram umkleiden wollte. Elli sagte es ihr aufgeregt. Sie war im Dorf gewesen, wo alle darüber sprachen.
»Es ist das beste für den alten Baron«, meinte Elli. »Immer auf die Hilfe anderer angewiesen zu sein und nun obendrein zu erleben, wie das Rittergut verkauft wird – nein, das war alles viel zu schlimm für ihn.«
»Elli, meinst du, dass die Aufregung um das Rittergut tatsächlich mit seinem schnellen Tod zusammenhängt?«, fragte Christina.
»Natürlich, das hat selbst ein Dummer gemerkt.«
»Es tut mir sehr leid.«
»Na, hoffentlich dem Herrn Notz auch«, platzte Elli heraus.
Christina wollte ihr sagen, dass Johannes Notz keine Schuld an den Ereignissen trägt. Im Gegenteil, er hatte die Versteigerung verhindert. Aber bei Elli würde sie auf taube Ohren stoßen. Im Dorf hatte man sich eine Meinung gebildet und die war unumstößlich.
So ging Christina wieder in ihr Zimmer, da sie annahm, Bertram könne nicht zum Treffpunkt kommen. Der Tod seines Vaters würde ihn vielleicht noch schneller von hier wegtreiben. Ihn hielt ja nichts mehr auf Rutenfeld. Ihren Vorschlag, den Umbau zu beaufsichtigen, würde er jetzt bestimmt ablehnen. Vielleicht sollte sie ihm diese Idee überhaupt nicht preisgeben. Er würde denken, sie wolle ihn unbedingt hier behalten und ihn bei seinen wei-

teren Plänen hinderlich sein. Nein, sie würde ihm keine Fesseln anlegen.
Als die Mutter bei ihr beitrat, um ihr die Neuigkeit vom Tod des Barons zu erzählen, hörte sich Christina alle Gerüchte an, die in Matzinnendorf von Haus zu Haus gingen.
Magdalena Preterborn war darüber sehr irritiert und bestätigte der Tochter, dass es gut war, nicht mit Herrn Notz zum Rittergut zu gehen.
»Wer weiß, was man ansonsten über uns erzählen würde.«
Erst jetzt bemerkte sie, dass Christina keine Anstalten machte, ihren gewohnten Spaziergang zu unternehmen.
»Du solltest unbedingt noch ein wenig an die frische Luft gehen, bist ja ganz blass.«
Warum nicht, überlegte sie. Auch wenn Bertram nicht erscheinen würde, könnte sie ihren Gedanken beim Spazieren besser nachhängen als im Haus, wo sie ständig gestört wird.
»Das ist ein guter Rat, Mama. Ich beeile mich und bin rechtzeitig zurück.«
Christina wollte bis zum Gipfel gehen und schritt schnell aus. Dann erblickte sie ihn. Bertram stand an der verabredeten Stelle und wartete auf sie.
Christina kam außer Atem bei ihm an.
»Es tut mir so leid«, sagte sie und ergriff seine Hände.
Er sah sehr müde aus: »Ich dachte schon, du kämst nicht.«
»Und ich dachte, du hättest heute keine Zeit.«

»Ich musste dich sehen, wenn auch nur für einen Augenblick«, sagte er zärtlich.
Dann stiegen sie schweigend den Berg empor.
»Ist dein Vater friedlich eingeschlafen?«, fragte sie.
»Ja. Wolfram und ich waren dabei. Vorher hatte ich ein langes Gespräch mit ihm. Ich bin froh, dass er meine Pläne gebilligt hat.«
Christina wurde klar, dass nur noch wenige gemeinsame Tage vor ihnen standen. Was sollte dann werden? Sie wagte nicht, daran zu denken und blieb auf dem kleinen Aussichtspunkt stehen, vom dem aus fast ganz Matzinnendorf zu übersehen war. Bald würden die ersten Lichter angehen.
»Wie lange wirst du noch bleiben?«
»Ich weiß es nicht. Nach der Beerdigung werde ich es mir überlegen. Bis dahin hoffe ich auf die Antwort meines Freundes. Jetzt bin ich nicht fähig, einen klaren Gedanken zu fassen.«
Er schaute sie eindringlich an und sagte: »Ich möchte dich nicht verlieren, Christina.«
Dann bleibe hier, hätte sie am liebsten geantwortet. Doch sie riss sich zusammen und sagte: »Du wirst mich nie verlieren, Bertram.«
Sie gingen eng umschlungen zurück.
Als die Gartenpforte hinter Christina ins Schloss fiel, blickte ihr Bertram lange hinterher. Dann wandte er sich schnell um. Er musste sich beeilen, man wird ihn vermissen.
Wolfram schaute ihn tatsächlich missbilligend an, als er ihm in der Vorhalle begegnete.
»Wir warten seit geraumer Zeit auf dich. Der Pfarrer

sitzt im kleinen Wohnzimmer und hat sich einiges für die Trauerrede aufgeschrieben. Du solltest auch deine Gedanken beisteuern.«
»Ich gehe sofort zu ihm.«
An den folgenden Abendenden sahen sich die Liebenden nur flüchtig.
Bertram hatte, um den Bruder zu entlasten, sämtliche Vorbereitungen für die Beerdigung übernommen. Am schwierigsten war die Unterbringung der Trauergäste; viele Verwandte und Freunde des Vaters kündigten ihr Kommen an, so dass Bertram auch sämtliche Zimmer des Gasthofes belegen musste.
Die Gästezimmer des Rittergutes waren schon seit Jahren nicht mehr benutzt worden, man konnte sie kaum jemand zumuten.
Aber Martha heuerte unter den jungen Mädchen des Dorfes eine große Anzahl zum Putzen an, und bald hallte das Rittergut wie in alten Zeiten von vielen Stimmen wider. Man könnte fast den traurigen Anlass vergessen, dachte Bertram.
Sein Bruder war von diesem Aufwand nicht begeistert, aber er enthielt sich jeglichen Einwandes. Vielleicht sagte er sich auch, dass er zum letzten Mal so viele Gäste auf Rutenfeld empfangen werde.
Christina informierte Bertram, sie würde mit ihrer Mutter an der Trauerfeier teilnehmen.
Er dankte ihr mit einem Kuss, aber er war in Gedanken nicht bei ihr. Er zermarterte sich den Kopf, warum sein Freund Karl nichts von sich hören ließ. Dieser war jetzt seine einzige Chance, der Vater konnte nicht mehr sein Fürsprecher sein.

Das Mädchen fühlte seine Zerstreutheit, bemühte sich, dies zu verstehen. Trotzdem war es traurig.

Bei der Beerdigung konnten sie sich nur einen verstohlenen Blick zuwerfen. Der kleine Friedhof auf dem Kirchberg war überfüllt von all den Menschen, die dem Baron die letzte Ehre erweisen wollten. Neben der weitverzweigten Familie und den Freunden nahmen viele der Dorfbewohner an der Trauerfeier teil.

Der Baron war sehr beliebt gewesen, er hielt nie auf Distanz und setzte sich vor seiner Krankheit gern an den Stammtisch des Dorfkruges, um mit den Bauern über die Frühjahrsbestellung, die Ernte oder ihre Familienangelegenheiten zu sprechen. Er gab manch guten Rat, nahm diesen auch gern von anderen entgegen. Das vergaß man in Matzinnendorf nicht, viele der Trauernden hatten Tränen in den Augen. Auch Christina wurden sie feucht. Aber sie wusste nicht, ob sie die Beerdigung erschütterte oder der bevorstehende Abschied von Bertram.

Bei der Beileidsbekundung an der Grabstätte der Rutenfelds wechselten sie nur den obligatorischen Händedruck; Christina hatte Angst, die Mutter könnte ihre Gefühle bemerken. Aber Baron Wolfram hielt ihre Hand sehr lange und sah ihr tief in die Augen. Sie dachte nicht darüber nach, aber die Mutter machte sie auf dem Heimweg darauf aufmerksam.

»Er hat dich so eigenartig angeblickt. Kennst du ihn näher?«

»Überhaupt nicht, Mama.«

»Deine Hand hat er auch sehr lange gehalten.«

»Ach, Mama, das bildest du dir nur ein.«
»Möglicherweise. Auf einer Beerdigung macht man ja schließlich keiner jungen Dame den Hof.«
»Bitte, Mama, höre mit derartigen Vermutungen auf. Es stimmt einfach nicht.«
Frau Magdalena wollte sich jedoch nicht beirren lassen. Sie hatte Baron Wolfram sehr genau beobachtet und war froh, dass Christina völlig unbefangen auf ihren Hinweis reagierte.
Aber sie würde ihre Augen offen halten; einen heruntergekommenen Baron als Bewerber um die Hand ihrer Tochter, das hätte ihr gerade noch gefehlt. Johannes Notz sollte sich wirklich etwas mehr um Christina bemühen.
Diese verschwendete keinen Gedanken mehr an die Vermutungen der Mutter. Sie grübelte darüber nach, wann Bertram wieder Zeit für sie hätte. Christina war erleichtert, dass die Mutter keinerlei Bemerkung über ihn machte. Auf alle Fälle würde sie täglich auf ihn warten.
An diesem Abend kam er nicht. Obwohl sie damit gerechnet hatte, war sie enttäuscht. Und dann traf auch noch Johannes Notz zum Abendessen ein. Der Vater schien ihn dazu animiert zu haben.
Dieses Mal brachte er ihr lachsfarbene Rosen mit und entschuldigte sich, dass er heute ungelegen käme.
»Ich hörte, Sie haben mit Ihrer Frau Mutter an der Beerdigung des Barons teilgenommen. Ihr Vater meinte, seine beiden Damen brauchten aus diesem Grunde heute eine kleine Aufheiterung und hat

mich einfach nach Matzinnendorf entführt. Doch ich bin dafür wohl ungeeignet«, sagte er und schaute Christina hilflos an.

Frau Magdalena, die diese Worte vernommen hatte, warf sofort ein: »Aber, Herr Notz, wir wissen, welch charmanter Gesellschafter Sie sind und freuen uns sehr, dass Sie die Einladung meines Mannes angenommen haben. Nicht wahr, Christina?«

»Selbstverständlich, nach so einem traurigen Ereignis ist man froh über ein bisschen Ablenkung«, bemerkte sie und meinte es in diesem Augenblick ehrlich. Sein Besuch würde sie auf andere Gedanken bringen, denn er konnte sehr gut eine anregende Unterhaltung führen.

Nach Tisch blieb man länger zusammen als sonst. Christina versuchte weder Müdigkeit noch Kopfschmerzen vorzutäuschen. Ihr graute vor dem Alleinsein, und so beteiligte sie sich mit Engagement am Gespräch. Zu ihrem Erstaunen stellte sie fest, dass der Rechtsanwalt sehr vernünftige Ansichten vertrat und dem Vater nicht nach dem Mund redete. Er wurde zusehends lockerer und neckte Christina sogar ein wenig, als sie gestand, gegen die Eltern einen harten Kampf führen zu müssen.

»Worum geht es denn in diesem Großkampf? Brauchen Sie Unterstützung?«

»Ein Rechtsbeistand käme mir dabei sehr gelegen.«

»Ich stehe ganz zu Ihrer Verfügung.«

»Ich werde Sie beim Wort nehmen. Es geht um ein Haustier. Ich möchte gern einen Hund oder eine Katze, eventuell einen Vogel, meinetwegen auch

einen Hahn oder weiße Mäuse haben...«
»Und das verwehren die Eltern?«
»Vehement. Einen Hund wollen sie nicht, gegen Katzen ist Mutter allergisch, einen Vogel im Käfig lehnen sie als Tierquälerei ab, ein Hahn kräht ihnen zu laut und vor weißen Mäusen fürchtet sich meine Frau Mama«, sagte Christina.
»Da hören Sie sich meine Tochter an«, gab sich Magdalena Preterborn anscheinend empört, »sie stellt uns als regelrechte Rabeneltern dar.«
»Mit einem Raben wäre ich ebenfalls zufrieden«, knirschte die Tochter.
Da fielen alle in lautes Lachen.
Schließlich meinte Johannes Notz: »Vielleicht hat der Weihnachtsmann Erbarmen.«
Er lächelte Christina zu, und in diesem Augenblick begriff sie seine Absicht. Nein, sie wollte nicht, dass er den Vater überredete.
Doch sie hatte sich getäuscht. Schon am übernächsten Tag stand der Rechtsanwalt wieder vor der Tür, unter dem Arm ein kleines braunes Bündel.
»Das ist Inga«, begrüßte er Christina. »Sie hätte gern eine sehr liebe Herrin.«
Als er ihr die kleine Hündin überreichte, stotterte Christina: »Aber ich kann doch ein solches Geschenk nicht annehmen.«
Doch schon strich sie über das kuschelige braune Fell und ließ sich von dem kleinen Schnäuzchen beschnuppern.
»Inga ist himmlisch, trotzdem...«
»Es gibt kein Trotzdem, Fräulein Preterborn. Ich

habe sie Ihnen anstelle von Blumen mitgebracht. Und im übrigen habe ich das Einverständnis ihres Vaters eingeholt.«
»Ach so.«
Jetzt war sie ein wenig enttäuscht. Natürlich, wie konnte sie auch annehmen, dass er etwas ohne Absprache mit dem Vater unternimmt. Aber dann siegte die Freude.
»Inga ist erst einige Wochen alt. Sie wird vielleicht einmal sehr groß. Ich weiß nicht, ob Sie große Hunde mögen. Aber ich habe sofort an Sie gedacht, als meine Putzfrau erzählte, die Hündin ihres Schwiegersohnes habe vier Welpen geworfen und er wolle nur einen behalten. Ob ich jemand wüsste, der gern einen Hund hätte. Ich bin zu ihrer Tochter und deren Mann gefahren, und da kam mir Inga entgegen. Ich konnte ihrem Charme nicht widerstehen.«
»Wenn das so ist«, lächelte Christina, »wird Inga mal eine begehrte Hundedame. Ich liebe große Hunde; Inga wird mich und das ganze Haus beschützen. Ich freue mich wirklich sehr, und sie gefällt mir ganz toll. Was ist sie denn für eine Rasse?«
»Sie ist nicht reinrassig. Ihre Mutter, ein Labrador, hat ihre Gunst in einem unbewachten Augenblick einem Mischlingsrüden geschenkt. Aus diesem Grund wird es schwer werden, die kleinen Welpen zu vermitteln.«
»Mir ist völlig egal, ob Inga reinrassig ist oder nicht. Hauptsache, wir beide verstehen uns«, dabei streichelte sie sanft über das kurze Fell.
»Jetzt müssen Sie mir noch sagen, welches Futter

Inga bekommen soll und welchen Schlafplatz ich ihr einrichten muss. Doch zuerst sollten wir ins Haus gehen und uns einen frisch gebrühten Kaffee genehmigen.«

Christina lief mit Inga auf dem Arm voran, und Johannes Notz war glücklich, ihr eine Freude gemacht zu haben.

Frau Magdalena war beim Anblick des Hundes etwas geschockt, aber da es ein Geschenk des zukünftigen Bräutigams war, fand sie sich schnell mit dieser Tatsache ab. Schließlich bat sie den Gast, nach dem Kaffee mit Christina zum Einkauf zu fahren, um alles Nötige für Inga zu besorgen.

Es wurde ein vergnüglicher Nachmittag, denn Christina bestand darauf, dass Inga mit in die Stadt fuhr, um Halsband und Leine anzuprobieren und ihren Fressnapf selbst auszusuchen. Nachdem sie sich über die Fütterung gründlich hatte beraten lassen, unternahm sie vor der Ankunft im Dorf mit Johannes Notz und Inga einen kleinen Spaziergang und freute sich, wie artig der kleine Welpe sein Pfützchen machte.

Die Einladung zum Abendessen lehnte der Rechtsanwalt ab: »Ich denke, Inga wird jetzt Ihre ganze Aufmerksamkeit beanspruchen. Da komme ich mir überflüssig vor.«

»So dürfen Sie das nicht sehen«, bemerkte Christina.

»Ich habe es auch nicht so gemeint, aber ich erwarte am Abend noch einen Klienten. Darf ich mich morgen erkundigen, wie Inga die Nacht überstanden hat?«

»Selbstverständlich. Am liebsten würde ich sie in meinem Zimmer schlafen lassen.«

»Wenn Sie das möchten, sollten Sie es auch tun«, sagte er und verabschiedete sich.

Er ist wirklich ein netter Mensch, dachte Christina. Doch als sie ins Haus stürmte, waren ihre Gedanken wieder bei Bertram. Was wird er zu Inga sagen? Sie musste sich beeilen, um rechtzeitig zum Oberberg zu kommen. Sie selbst zog sich nicht mehr um, aber mit Inga probierte sie mehrere Halsbänder, bevor sie sich für ein mehrfarbiges geflochtenes Lederhalsband entschied. Inga sollte bei Bertram einen guten Eindruck machen.

Als Hund und Herrin am Treffpunkt anlangten, leuchteten Christinas Augen vor Übermut und sie stürzte sich glücklich in seine Arme. Inga bellte ein wenig, beruhigte sich jedoch sofort.

»Gefällt dir mein Hündchen?«

»Es gehört dir? Du hast mir davon gar nichts erzählt.«

»Ich habe Inga erst seit heute.«

»Und woher hast du sie?«

»Sie ist ein Geschenk eines guten Freundes der Familie.«

»Etwa dieses Rechtsanwaltes?«

»Ja.«

»Dieses Geschenk hast du angenommen?«

»Warum nicht?«, fragte sie erstaunt. »Ich habe mir schon lange einen Hund gewünscht.«

»Das hast du mir niemals gesagt.«

»So wichtig war es nicht.«

»Aber dieser Rechtsanwalt wusste es. Und du hast seine Hoffnungen bestärkt, indem du Inga angenommen hast.«
»Das habe ich überhaupt nicht bedacht«, sagte sie kleinlaut. »Ich habe mich so sehr über den Hund gefreut...«
»Ach, Christina, manchmal bist du noch ein richtig kleines Mädchen.«
»Möchtest du, dass ich Inga zurückgebe?«
»Wo denkst du hin! Dazu ist es zu spät. Aber noch andere Sachen solltest du dir nicht schenken lassen.«
»Nein, nein, ein Pferd oder eine Maus oder ein Schwein nehme ich nicht an!«
Bertram konnte ihr nicht böse sein. War er eifersüchtig? Vielleicht ein bisschen. Doch Christina schien den hinter dem Geschenk verborgenen Ernst nicht wahrgenommen zu haben. Sonst hätte sie ihm nicht derart unbefangen davon erzählt. Bertram wollte ihre Freude nicht verderben und begann nun seinerseits, mit Inga zu spielen. Er schleuderte einige kleine Stöckchen den Pfad empor, und der Hund bemühte sich, diese einzuholen.
»Wenn Inga größer ist, muss sie die Stöckchen zurückbringen und dir vor die Füße legen. Das gehört zur Erziehung.«
»Du hast wohl Ahnung von Hunden?«
»In meiner Kindheit gab es immer Jagdhunde im Rittergut. Aber mein Liebling war ein kleiner zugelaufener Dackel, der auf einem Bein hinkte. Wenn mir jemand zu nahe kommen wollte, schnappte er schnell mal nach dessen Hose oder gar ins Bein. Es

gab wegen Floppi manchen Ärger. Aber für mich hätte er sein Leben hingegeben.«
Dann nahm er Inga auf den Arm und betrachtete sie genau: »Sie hat ein kluges Gesicht. Wenn du sie gut erziehst, wirst du in ihr den besten Kameraden haben.«
»Ich habe aber keine Ahnung von Hundeerziehung«, klagte das Mädchen.
»Das lernst du schnell.«
Er zog Christina auf die alte Bank und gab ihr einige Tipps.
Inga ließ sich zu ihren Füßen nieder und schien gleichfalls aufmerksam zuzuhören.
Dann sagte Bertram plötzlich: »Christina, mein Freund Karl hat sich zu einem Besuch angekündigt.«
»Hast du dann keine Zeit für mich?«
»Die finde ich trotzdem. Er kommt aus einem bestimmten Grund. Ich hatte ihn gebeten, sich für mich wegen einer Ausbildung zum Flieger umzusehen. Jetzt hat er mir geschrieben, er habe mir einen Vorschlag zu machen. Darüber müsse er jedoch mit mir persönlich sprechen.«
»Du willst wirklich zu den Fliegern? Ich finde das ganz schrecklich gefährlich.«
»Gerade das ist es, was mich reizt.«
Er erzählte Christina mit so viel Begeisterung von seinen Plänen, dass sie nicht wagte, ihre Angst zu zeigen. Bertram schien das auch nicht wahrzunehmen.
»Karl hat mir angedeutet, dass ich, wenn ich gut bin,

in kurzer Zeit ein gefragter Pilot sein und viel Geld verdienen könnte. Darauf kommt es mir doch an, mein Liebling.«

Als sie noch immer schwieg, fragte er: »Weißt du, was wir dann machen? Wir heiraten!«

Christina schob vor Glück alle Ängste beiseite und bot ihm die Lippen zum Kuss.

Nach einiger Zeit fuhr er fort: »Ich träume ständig davon, mit dir zusammenzuleben. Aber ich weiß nicht, wann ich genügend Geld besitzen werde, um eine Familie zu gründen. Doch jetzt fühle ich, dass Karl einen guten Vorschlag für mich hat. Sonst käme er nicht extra nach Matzinnendorf.«

»Schade, dass du nicht hier bleiben kannst.«

Nach diesem Gespräch fühlte sich Bertram von Rutenfeld voller Tatendrang. Er hatte sich ein wenig davor gescheut, wie Christina seine Pläne aufnehmen werde. Und er war stolz, dass sie so viel Verständnis zeigte. Selbstverständlich hatte er ihre Angst um ihn bemerkt und auch, wie tapfer sie diese bekämpfte.

Sie ist das liebste und klügste Mädchen, dachte er. Und er malte sich aus, wie er eines Tages mit ihr sein Heim beziehen würde. Er hatte keine Ahnung, wie viel Zeit er dazu brauchte. Aber er würde es schaffen, so schnell wie möglich. Er gönnte Christina keinem anderen Mann und diesem Rechtsanwalt schon gar nicht.

Dann schalt er sich ob seiner Gedanken. Christina würde auf ihn warten. Das hatte sie nicht nur gesagt, das fühlte er auch. Doch wie sollte er eine so lange

Trennung von ihr ertragen? Jeden Tag fieberte er der Begegnung mit ihr entgegen. Wenn sich die Stunde näherte, konnte er keinen klaren Gedanken mehr fassen. Er wurde dermaßen unkonzentriert, dass es selbst Wolfram auffiel.
Aber es war ihm gleichgültig, was der Bruder dachte. Sie lebten in verschiedenen Welten.
Und jetzt wartete er auf Karl von Baldaus und seine Vorschläge. Morgen würde er eintreffen, hoffentlich mit guten Nachrichten.

Der Freund kam gegen Mittag an, und beide zogen sich in Bertrams Arbeitszimmer zurück. Martha schüttelte den Kopf über den stürmischen Besuch, der in seinem schnellen Auto durch das Eingangstor geprescht war, dass Mensch und Tier auseinander stoben und der das vorbereitete Frühstück im Zimmer des jungen Baron einnehmen wollte.

»Ich habe nur wenig Zeit«, hatte er gesagt und sie beauftragt, nach etwa einer Stunde noch einen guten Wein zu kredenzen.

Da scheint etwas im Busch zu sein, überlegte sie, als sie die steilen Stufen zum Weinkeller hinabstieg. Sie entschloss sich, eine der letzten Flaschen zu nehmen, die der alte Baron bei besonderen Gelegenheiten getrunken hatte. Hoffentlich macht dieser junge Herr dem Bertram einen guten Vorschlag, wünschte sie. Dass es um seine Zukunft geht, war ihr bekannt, denn er hatte es ihr zugeflüstert. Sollte der Bertram dem Rittergut ade sagen – und das war vorauszusehen –, dann hielten auch sie keine zehn Pferde mehr hier. Den Baron Arnim hätte sie nie verlassen, aber der Wolfram brauchte sie nicht. Zwischen ihnen gab es keine Herzlichkeit, er war so ganz anders als sein Bruder. Sie würde zu ihrer Tochter ziehen. Wenn das erste Enkelkind ankommt, dann kann ich mich nützlich machen, sinnierte sie.

Auf die Minute genau nach einer Stunde klopfte sie am Arbeitszimmer. Sie wurde freudig begrüßt, die beiden schienen sich einig geworden zu sein. Ihr junger Herr strahlte sie an, und schon fühlte sich Martha zufrieden.

Zwischen den Freunden gab es tatsächlich keine Unklarheiten mehr. Bertram hätte nie zu hoffen gewagt, was ihm offeriert wurde.

Karl von Baldaus galt inzwischen als anerkannter, wagemutiger Pilot; aber die Aussicht auf militärische Einsätze behagte ihm nicht. Durch Zufall hatte er einen Konstrukteur getroffen, der ihm sagte, dass die sich schnell entwickelnde Flugzeugindustrie dringend erfahrene Piloten brauche.

»Du bist doch nicht etwa Testflieger geworden?«, fragte Bertram

»Genau das bin ich«, lachte Karl.

»Aber denke nur nicht, das sei gefährlicher als bei den Militärfliegern. Bei uns ist noch nicht ein einziges Modell abgestürzt. Unfälle hat es seit den anderthalb Jahren – solange bin ich schon dabei – kaum gegeben. Höchstens mal eine kleine Zitterpartie, die wohlbehalten auf dem Boden endete.«

»Dazu braucht man aber große Erfahrung.«

»Das schon. Unsere Flieger bekommen die beste Ausbildung. Sie ist hart, aber herzlich!«

Er erklärte Bertram alle Einzelheiten und bedeutete ihm, dass Leuten wie ihm eine große Zukunft bevorstehe.

»Als Flieger wirst du überall offene Türen finden, und die Zeiten der knappen Kasse hast du dann auch hinter dir.«

Karl musste sich nicht bemühen, Bertram zu überreden. Der Baron war begeistert. Das alles war ganz nach seinem Geschmack. Wenn er sich bewährt – und daran zweifelte er keine Sekunde – würde er in der Nähe des großen Werkes günstig ein Haus kaufen können. Das hatte ihm der Freund amüsiert zu verstehen gegeben, als er diesem eine Andeutung von seinen Heiratsabsichten machte.

»Bertram, du bist wirklich der ideale Kandidat«, sagte er. »Die Oberen des Flugzeugwerkes sind sehr daran interessiert, die wichtigsten Leute für viele Jahre zu verpflichten. Eine in der Nähe lebende Familie wird als beste Garantie betrachtet.«

Genau zu diesem Zeitpunkt hatte Martha den Wein gebracht, und die Freunde stießen auf gutes Gelingen an. Anschließend besprachen sie nochmals Details und legten Bertrams Aufbruch für das nächste Wochenende fest.

Obwohl er mit dem Ergebnis des Gespräches sehr zufrieden war, schmerzte Bertram der bevorstehende Abschied von Christina. Er wollte ihr in den verbleibenden Tagen seine gesamte freie Zeit widmen. Auf dem Rittergut wurde er ja doch nicht gebraucht, Wolfram schien alles im Griff zu haben. Die wenigen Erinnerungsstücke, die er in sein neues Leben mitnehmen wollte, konnte Martha schon jetzt einpacken. Für alles andere genügten zwei Koffer.

Am liebsten wäre Bertram einige Tage mit Christina verreist. Von früh bis abends mit ihr zusammen zu sein, das wünschte er sich.

Als er ihr das gestand, leuchteten ihre Augen.

»Leider geht das nicht«, sagte sie bedauernd. »Aber übermorgen wollen die Eltern meine Großmutter in Leipzig besuchen. Ich habe sie davon überzeugt, dass ich wegen Inga nicht mitkommen kann. Das

haben sie akzeptiert. Wenn sie den wahren Grund wüssten ... «
»Und was ist der wahre Grund?«
»Das weißt du ganz genau.«
»Ich will es aber von dir hören.«
»Und wenn ich es nicht sagen will?«
»Dann wirst du solange geküsst, bis du um Hilfe rufst.«
»Bitte sehr. Vielleicht beißt dich Inga dann ins Bein.«
Da der kleine Hund viel zu sehr mit seinen eigenen Entdeckungen beschäftigt war, gestand Christina schließlich, dass sie glücklich sei, mehrere Tage ohne Aufsicht zu sein.
»Da haben wir alle Zeit der Welt endlich einmal für uns ganz allein.«
»Und für Inga«, setzte er hinzu.
»Na, warte ... «
Christina rannte in das hohe Gras der Waldwiese, Bertram hatte alle Mühe, sie einzuholen.
Am nächsten Morgen schrieb sie der Großmutter einen langen Brief. Die Eltern sollten ihn bei ihrem Besuch aushändigen. Ihr war klar, die alte Dame würde sehr enttäuscht sein, ihre Enkelin nicht zu sehen. Aber sie würde verstehen, dass die kleine Inga nicht eine so weite Reise machen kann. Oder sollte sie ihr den wahren Grund andeuten?
Großmutter war eine lebenserfahrene Frau und irgendwie würde sie höchstwahrscheinlich etwas vermuten. Sie wusste genau, wie gern Christina sie besuchte und könnte sich denken, dass Inga nur ein

Vorwand sei. Im Gegensatz zur Mutter bemerkte sie jede Unaufrichtigkeit schon in den Ansätzen. Aber sollte Christina ehrlich schreiben, ein junger Mann hält sie mit Tausend Banden zu Hause fest?

Das Mädchen war sicher, Cäcilia Verleuten würde den Eltern nichts sagen. Aber Mamas Neugier! Falls sie den Brief öffnete oder zufälligerweise in die Hände bekam ... Das würde mit einem Verbot jeglichen Umgangs mit Bertram enden, nicht einmal schreiben dürfte sie ihm dann.

Wenn sie es schlau anstellte, könnte sie der Großmutter tatsächlich eine Andeutung über den wahren Grund machen. Sie versteht es, zwischen den Zeilen zu lesen. Der Mutter geht diese Gabe völlig ab, sie würde auch bei mehrmaligem Lesen nichts vermuten.

Ja, das war die Lösung. Christina hing sehr an der alten Frau und wollte ihr gegenüber nicht unehrlich sein. Sie brauchte lange, um die richtigen Formulierungen zu finden. Endlich war sie zufrieden und konnte der Mutter das Schreiben unbesorgt übergeben.

Frau Magdalena legte es in ihren gepackten Koffer obenauf.

»Damit ich beim Öffnen sofort daran denke«, meinte sie. »Hoffentlich verzeiht deine Großmutter dir. Es ist das erste Mal, dass du uns nicht nach Leipzig begleitest. Ich verstehe noch immer nicht, warum du Inga keinesfalls Elli überlassen willst. Sie ist doch sehr tierlieb.«

»Aber Inga muss von Anfang an streng erzogen wer-

den«, beharrte Christina. »Herr Notz hat es mir ausdrücklich empfohlen.«
Damit nahm sie der Mutter jedes Argument, denn alles, was der Rechtsanwalt sagte, fand sofort Gnade bei Frau Magdalena.
Christina freute sich heimlich und konnte die Abreise der Eltern kaum erwarten. Unter dem Siegel der Verschwiegenheit hatte sie Elli vier freie Tage versprochen, und die Köchin sollte lediglich das Mittagessen zubereiten. Die beiden waren über die unerwartete Freizeit sehr beglückt und versprachen, darüber kein Wort zu verlieren.
Beinahe hätte Christinas Freiheit allerdings einen Dämpfer bekommen. Als sich Johannes Notz telefonisch nach dem Befinden des kleinen Hundes erkundigte, legte ihm der Vater ans Herz, in diesen Tagen einmal bei der Tochter vorbeizuschauen. Christina erbat sich ganz entgegen ihrer sonstigen Gewohnheit den Telefonhörer und gab Herrn Notz unmissverständlich zu verstehen, sie werde sehr gut allein zurechtkommen. Er schien sie zu verstehen und fragte lediglich, ob er sie einmal anrufen dürfe.
»Wenn ich nicht gerade mit Inga unterwegs bin, werden Sie mich erreichen«, gab sie zurück. Wer konnte schon wissen, wie oft sie mit dem Hund ausging!
Sie hatte sich mit Bertram ein lustiges Verständigungsmittel ausgedacht: Sobald die Eltern unterwegs waren, würde sie ein rotes Band an der hinteren Gartenpforte anbringen. Sollte sie mit dem Hund einen Spaziergang zum Oberberg machen, käme ein

blaues Band hinzu. Dieses wollte Christina dann entfernen, wenn sie wieder im Haus ist.
Bertram hatte gelacht und über Christinas Einfälle den Kopf geschüttelt.
»Also: Rot bedeutet, du bist allein im Haus. Und Blau verheißt mir, dich irgendwo in Richtung Oberberg zu suchen.«
»Du hast es erfasst«, freute sie sich.
»Dann werde ich mich wohl ständig in Sichtweite der Gartenpforte aufhalten müssen.«
»Genau das habe ich erwartet.«
Sie amüsierten sich über diesen Einfall, und als Bertram am Mittwochvormittag den kleinen Pfad an der Rückseite der Villenkolonie empor schritt, sah er beide Bänder lustig im Wind flattern.
Christina hatte schon fast den Gipfel des Berges erreicht, als er sie einholte. Inga erspähte ihn zuerst und rannte schwanzwedelnd auf ihn zu.
»Man kann sich nicht einmal heimlich an dich heranschleichen, ständig wirst du bewacht«, lachte ihr Bertram entgegen.
Wie gut er heute wieder aussieht, stellte sie fest. Und wie übermütig er ist, seitdem er weiß, wie sich seine Zukunft gestalten wird. Einerseits freute sie sich darüber, andererseits wäre es ihr auch recht gewesen, wenn seine blauen Augen wenigstens ein bisschen Abschiedsweh verrieten.
Als sie ihm das sagte, umfasste er sie fröhlich und meinte: »Den Abschiedsschmerz heben wir uns für den letzten Tag auf. Jetzt wollen wir jede Stunde genießen, die wir zusammen sind.«

»Dann rennen wir zum Gipfel. Wer zuerst oben angekommen ist, bekommt einen Kuss.«
Sie hatten nicht damit gerechnet, dass Inga am schnellsten war, und schütteten sich vor Lachen aus.
»Wer küsst nun den Hund?«, fragte Bertram
»Natürlich du, der Hund ist schließlich eine Dame!«
»Mir ist aber eine andere Dame lieber.«
»Dann musst du mich fangen.«
Als sie den Pfad hinunterwirbelte, wäre sie beinahe genau an der Stelle gestürzt, an der sie sich zum ersten Mal begegnet waren. Bertram konnte sie gerade zur rechten Zeit auffangen.
»Wenn das nichts zu bedeuten hat! Ich bin als dein Beschützer geboren.«
Beide dachten an dieses Zusammentreffen und wurden plötzlich ernst. Hand in Hand schritten sie zurück.
Nachdem sie wieder in Sichtweite der Villen waren, löste sich Christina von ihm.
»Hast du noch Zeit?«, fragte sie.
»Den ganzen Tag.«
»Dann könntest du mir beim Mittagessen Gesellschaft leisten.«
»Soll das eine Einladung sein?«
»Ja.«
Als sie durch den Garten gingen, fragte Bertram vorsichtshalber, ob denn das Hauspersonal über seinen Besuch gegenüber den Eltern schweigen würde.
»Wir sind allein im Haus. Ich habe Elli frei gegeben, und die Köchin ist garantiert schon auf dem Nachhauseweg. Der Gärtner kommt erst morgen früh.«

Im Speisezimmer war der Tisch zwar nur für eine Person gedeckt, aber Christina holte schnell alles Nötige für Bertram aus den Schränken. Dann gingen sie gemeinsam in die Küche.
Der Duft von gebackenem Geflügel hing noch in der Luft; die Köchin hatte alle Zutaten in der großen Backröhre zum Warmhalten bereit gestellt. Christina musste lediglich die Suppe aufwärmen und die Kompottschüsseln füllen.
Bertram ließ keinen Blick von ihr, ihm gefiel ihre Geschäftigkeit. Er stellte sich vor, wie sie eines Tages in ihrem gemeinsamen Haus das Essen für ihn auftragen würde. Und plötzlich kreisten seine Gedanken um die intimsten Dinge, die sie dann verbinden würden. Er musste sich gewaltsam davon lösen und war erleichtert, als sie ihn zu Tisch bat.
Den Mokka nahmen sie im Wintergarten ein und träumten dabei von der Zukunft. Später bat Bertram, ihre Zimmer sehen zu dürfen.
»Dann werde ich eine genaue Vorstellung davon haben, wo du dich aufhältst. Meine Sehnsucht bleibt nicht so allgemein...«
Als sich in diesem Augenblick der Hund bemerkbar machte, rannten sie schnell noch in den Garten und ließen die Tür offen.
»Inga muss sich an Selbständigkeit gewöhnen«, meinte Bertram und zog Christina wieder ins Haus.
Sie konnten sich nicht voneinander trennen. Auch als die Nacht hereinbrach, blieb er bei ihr.
Die folgenden Tage vergingen den Liebenden wie im Fluge. Bertram verließ jeweils morgens Christina,

bevor die Köchin oder der Gärtner eintrafen. Gegen Mittag kam er durch den Garten zurück, wobei er für sie stets einige Blumen brach.

Doch am Sonntag wollten die Eltern zurück sein, und auch Bertram musste sich auf die Reise begeben. Sie fühlten sich fest verbunden und unterdrückten ihren Abschiedsschmerz.

Baron Bertram packte in großer Eile seine Sachen. Auf dem Bahnhof gestand er dem Bruder, der ihn begleitete, dass er sich so bald wie möglich ein Mädchen aus Matzinnendorf zur Frau nehmen werde.

»Es ist Christina Preterborn.«

Bertram bemerkte nicht, wie der Bruder erschrak und sich dessen Zornesfalte vertiefte.

Bertram hatte sich in wenigen Wochen in seinem neuen Domizil eingelebt. Das war zum einen das Verdienst des Freundes, zum anderen hatte er es seiner imponierenden Persönlichkeit zu danken. Obwohl die Ausbildung sehr hart war und er danach todmüde auf den Diwan seines Zimmers sank, raffte er sich nach kurzer Zeit wieder auf und verbrachte die Abende gemeinsam mit den anderen Fliegern. Diese wussten das zu schätzen, denn auch sie waren einmal Anfänger und vergaßen nicht, wie zerschunden sie sich damals gefühlt hatten. Aber dieser Rutenfeld schien aus hartem Holz geschnitzt zu sein, und es würde nicht lange währen, bis er allein in die Lüfte steigen durfte.
Diesen Tag sehnte Bertram ungeduldig herbei.
Seine Briefe für Christina schickte er an Martha, die inzwischen bei Tochter und Schwiegersohn wohnte. Dort holte das Mädchen die Post ab.
Obwohl Christina darauf brannte, Bertrams Zeilen so schnell wie möglich zu lesen, blieb sie meist ein halbes Stündchen bei der Alten. Diese erzählte ihr vieles aus der Kindheit Bertrams, das knüpfte zwischen den beiden unterschiedlichen Frauen ein festes Band.
Den Eltern gegenüber ließ Christina nichts von ihrer eifrigen Korrespondenz verlauten. Sie setzte darauf, alles würde sich irgendwie zum Guten wenden. Selbstverständlich konnte sie nicht umhin, des öfteren mit Johannes Notz in der Stadt oder im Elternhaus zusammenzutreffen. Das beeinträchtigte ihr Glücksgefühl keineswegs; sie war fröhlich und betei-

ligte sich ungezwungen an den Gesprächen. So schienen alle zufrieden, Christina blieb unbehelligt von den Heiratswünschen der Mutter und des Vaters.
Mit Johannes Notz stand sie ihrer Meinung nach auf gutem freundschaftlichem Fuß, und so sollte es auch bleiben. Er warb sehr zurückhaltend um sie, so dass es Christina nicht bemerkte. Ihre Sehnsucht galt allein Bertram, nervös wurde sie lediglich, wenn sich einmal ein Brief verspätete. Dann schlich sie mit ihrem Hund um das Gehöft, in dem Martha wohnte, und beobachtete genau, ob der Postbote auftauchte. Am liebsten wäre sie in einer solchen Situation – und die gab es des öfteren – zur Post gerannt und hätte nach einem Brief für Martha gefragt. Leider musste sie sich das verkneifen, denn ihr war klar, ein solcher würde ihr nicht ausgehändigt.
Bertram schrieb regelmäßig, aber manchmal kam er einfach nicht dazu. Er absolvierte ein verkürztes Ausbildungsprogramm, um Christina so schnell wie möglich bei sich zu haben. Das zehrte an seinen körperlichen und geistigen Kräften. Abends fiel ihm einfach nichts Neues ein, was er Christina mitteilen könnte. Wenn sie sich darüber beklagte, freute er sich sogar ein bisschen und griff sofort zur Feder.
So verging die Zeit, Bertram erntete die ersten Erfolge seines intensiven Trainings. Er steuerte längst sein Flugzeug selbständig und erlebte jedes Mal ein neues Hochgefühl, wenn er weit oben über das Land flog. Einmal reichte seine Route sogar bis in die Nähe von Matzinnendorf.

Seit Christina davon wusste, schaute sie ständig zum Himmel. Aber nur selten erblickte sie in der Ferne ein Flugzeug. Wenn sie sich unbeobachtet glaubte, winkte sie und stellte sich vor, dass es von Bertram geleitet würde und ihr Grüße sendete.

An einem grauen Regentag erhielt sie einen Brief von ihm, in dem er ihr mitteilte, er erhalte in Kürze einen kleinen Urlaub. Er wolle aber nicht nach Matzinnendorf kommen, im Rittergut sei wegen der Umbauarbeiten sowieso kein Platz für ihn und der Gasthof wäre auch keine Lösung. Schließlich fragte er an, ob sie nicht ihre Großmutter in Leipzig besuchen könnte. Bis dahin sei es für ihn nicht weit; er müsse unbedingt mit ihr sprechen.

Christina schmiedete sogleich Pläne. Aber wie sollte sie ihre Eltern von einer Reise zur Großmutter überzeugen, noch dazu ohne deren Begleitung? Sie hatte keine Chance. Trotzdem wollte sie es versuchen. Nach dem Abendessen erwähnte sie wie beiläufig, sie müsse nun endlich einmal ihren versäumten Besuch bei Großmutter Cäcilia nachholen. Inga könne sie jetzt schließlich mit auf die Reise nehmen.

»Das freut mich«, sagte die Mutter, »aber bei diesem schrecklichen Wetter vergeht mir jede Reiselust und Vater hat zur Zeit sehr viel im Geschäft zu tun. Das wirst du doch verstehen?«

»Das schon, aber ich fühle mich gegenüber Großmutter schuldig.«

»Leider lässt sich das nicht mehr ändern«, stellte der Vater fest.

»Schade.«

Christina schwieg. Sie spürte, es hat keinen Sinn, die Eltern zu bedrängen. Am Ende würden sie sogar misstrauisch. Sie musste einen anderen Weg finden.

Am nächsten Tag schrieb sie ihrer Großmutter und fragte an, ob sie den Eltern nicht einen Brief mit der dringenden Bitte um ihr Kommen senden könne. Sie sei kein kleines Kind mehr und brauche keine Begleitung. Außerdem würde sie Inga zum Schutz mitbringen.

Cäcilia Verleuten ahnte, dass nicht sie allein der Grund für Christinas Wunsch sei, so schnell wie möglich nach Leipzig zu kommen. Da sie sich nach ihrer Enkelin sehnte und auch etwas neugierig war, weshalb diese so dringend verreisen wolle, erfüllte sie umgehend Christinas Wunsch.

Sie schrieb ihrer Tochter von einer Erkältung, die sie sich bei einer Ausfahrt zugezogen habe und bat, ihr Christina zu schicken. Diese könne sie ein wenig pflegen und ihr Gesellschaft leisten.

Cäcilia amüsierte dieses Komplott, denn ihr war bekannt, wie sehr sich ihre Tochter vor einer Ansteckung fürchtete.

Tatsächlich erhielt Christina die Zustimmung der besorgten Eltern.

Das hatte sie nicht allein der Großmutter zu verdanken. Ihr Vater teilte ihr mit, Johannes Notz müsse in den nächsten Tagen zu einem Prozess nach Leipzig fahren. Er wäre erfreut, mit ihr gemeinsam zu reisen.

Christina passte diese Lösung überhaut nicht, jedoch sah sie keinen anderen Weg.

So stimmte sie dem Vorschlag zur Zufriedenheit der

Eltern zu und ergriff die erste Gelegenheit, um auf dem Postamt ein Telegramm an Bertram zu schicken.
Den ausführlichen Brief dazu wollte sie später in aller Ruhe in ihrem Zimmer schreiben.

Großmutter Cäcilia empfing ihre Enkelin mit einem verschwörerischen Lächeln, musste ihre Neugier jedoch bezähmen, da sie den jungen Rechtsanwalt nicht ohne die Einladung zu einem kleinen Imbiss verabschieden konnte. Zum Glück bedeutete ihr Johannes Notz, dass er leider nur wenig Zeit habe.
»In einer Stunde habe ich eine Verabredung mit einem Studienfreund, der mich um Hilfe gebeten hat. Und zuvor wollte ich schnell in meinem Hotel vorbeischauen. Wer weiß, ob mit meiner Zimmerbestellung alles in Ordnung gegangen ist.«
Die beiden Damen waren selbstverständlich sehr einsichtsvoll, zumal Cäcilia rechtzeitig einfiel, dass sie an einer Erkältung leide.
»Dein plötzlicher Hustenanfall hat Herrn Notz bestimmt schneller vertrieben als seine Verabredung«, lachte Christina.
»Das möchte ich nicht unbedingt behaupten. Er wäre bestimmt gern geblieben, das habe ich so im Gefühl.«
»Möglich wäre es, Großmutter, aber ich bin froh, dass er so wenig Zeit hatte und in den nächsten Tagen sehr beschäftigt ist.«
»Das klingt nicht so, als ob dir dieser junge Mann sehr am Herzen liegt.«
»Überhaupt nicht.«
Nun erzählte Christina von den Bemühungen der Eltern, sie mit dem Rechtsanwalt zu verheiraten.
»Aber ich will ihn nicht.«
»Dann gibt es also einen anderen?«

»Ja, Großmutter, deshalb wollte ich unbedingt nach Leipzig kommen.«
Christina bedachte überhaupt nicht, dass sie die alte Dame mit diesen Worten beleidigen könnte. Aber Cäcilia Verleuten nahm das nicht auf die Goldwaage, zumal sie sich etwas derartiges längst gedacht hatte.
Als Christina ihr ausführlich von ihrer Liebe zu Baron Bertram erzählte, kamen der Großmutter allerdings starke Bedenken.
»Und deine Eltern sind völlig ahnungslos?«
»Ja. Aber jetzt hat er eine so gute Stelle, dass ihn die Eltern bestimmt nicht mehr ablehnen werden. Ich denke, er will mit mir in Leipzig unser weiteres Vorgehen besprechen.«
»Gut, Christina, aber denke daran, nicht hinter dem Rücken deiner Eltern feste Vereinbarungen zu treffen. Außerdem wäre es angebracht, wenn du ihn mir vorstellen würdest. Dann könnte ich später – falls er mir sympathisch ist – ein gutes Wort für euch einlegen.«
»Ach, Großmutter, du bist doch die beste. Er wird dir gefallen. Für welchen Tag soll ich ihn einladen?«
»Da du ja doch keine Geduld hast, bitte ihn gleich für morgen zum Tee hierher.«
Christina umarmte sie stürmisch. Erst dann fiel ihr auf, wie müde sie von der Reise war.
Am nächsten Vormittag traf sie sich mit Baron Bertram in Auerbachs Keller. Um diese Zeit waren hier kaum Gäste, und sie entdeckte ihn in einer der zahlreichen Nischen, wo sie völlig ungestört sein konnten.

Bertram sah umwerfend gut aus: seine Haut war vom Aufenthalt an der frischen Luft gebräunt, die blauen Augen leuchteten und das dunkelblonde Haar schien einige Nuancen heller. Christina kam es vor, als sei er sogar größer geworden, die Schultern breiter, die Haltung straffer.
Er nahm sie sofort in die Arme.
»Endlich«, sagte er, und Christina fühlte, diese Trennung hatte seiner Liebe keinen Abbruch getan.
»Ohne dich hätte ich alles nie in einem derartigen Tempo geschafft«, bekannte er später, als beide die letzten Ereignisse ausgiebig besprochen hatten.
Erst jetzt fiel ihnen auf, dass sie kaum von der kalten Platte gegessen hatten, die ihnen der Kellner vor etwa einer Stunde servierte. Auch der Kaffee war inzwischen kalt geworden.
»Wir holen alles heute Nachmittag bei Großmutter Cäcilia nach«, lachte Christina.
»Soll das bedeuten, deine Großmutter lädt mich ein?«
»Genau das.«
»Und wenn ich ihr nicht gefalle?«
»Sie wird dich hinreißend finden. Ein Glück, dass sie schon in reiferem Alter ist.«
»Das soll mich nicht hindern, ihre Gunst zu erringen.«
Dann wurde Bertram ernst: »Ich werde deine Großmutter um Erlaubnis bitten, dir etwas zeigen zu dürfen. Dazu brauchen wir allerdings einen ganzen Tag.«
»Und was ist das?«

»Ein Geheimnis.«
»Ein klein wenig von diesem Geheimnis könntest du mir verraten.«
»Dann ist es doch kein Geheimnis mehr.«
»Ich bin von Natur aus so unendlich neugierig«, bettelte sie.
»In diesem Falle musst du dich allerdings bezähmen.«
»Du kannst aber hart sein – wie ein richtiger Ehemann!«
»Noch hast du Zeit zum Überlegen ...«
Beim Anblick des jungen Baron konnte Cäcilia Verleuten sofort verstehen, dass ihre Enkelin ihm das Herz geschenkt hatte. Es war nicht nur das gute Aussehen, das die alte Dame beeindruckte, es war seine männliche Ausstrahlung und mehr noch der gütige Blick seiner Augen. Sie besaß gute Menschenkenntnis und kam zu dem Schluss, ihm könne Christina vertrauen.
So war von Anfang an bestes Einvernehmen programmiert, und Bertram fiel es nicht schwer, die alte Dame um ihr Einverständnis zu einem Ausflug mit Christina zu bitten.
Natürlich wollte sie wissen, wohin dieser Ausflug gehen sollte. Kurz entschlossen schickte sie die schmollende Enkelin mit einem Auftrag zur Haushälterin. Bertrams Antwort stellte sie sehr zufrieden, sie gab ohne Bedenken ihre Zustimmung.
Christina musste sich gedulden. Auch von einem zärtlichen Gute-Nacht-Kuss ließ sich die Großmutter nicht betören. Jetzt bereute das Mädchen, Inga

nicht mitgenommen zu haben. Die Hündin hätte sie von ihren unzähligen Mutmaßungen abgelenkt. Aber in Matzinnendorf war sie besser aufgehoben als in einer so großen Stadt. Mit diesem Trost fand Christina schließlich Schlaf.
Am Morgen war sie noch vor Cäcilia auf den Beinen, obwohl diese als Frühaufsteherin galt. Auch Bertram schien in seinem Hotel nicht die rechte Ruhe gefunden zu haben, er erschien vor der vereinbarten Zeit.
»Ich konnte es nicht mehr erwarten«, entschuldigte er sich.
»Meiner Enkelin scheint es ebenso zu ergehen. Seit dem frühen Morgen spukt sie durchs Haus.«
Christina freute sich. Schnell ergriff sie ihren Mantel, küsste die Großmutter flüchtig und stieg stolz in Bertrams neues Auto, das sie gestern bereits ausgiebig bewundert hatte.
Christina ahnte das Ziel, aber sie wollte seine Vorfreude nicht trüben und begann ein Ratespiel mit den unmöglichsten Vermutungen.
Erst als sie die großen Hallen und den Flugplatz sichtete, rief sie spontan: »Ich habe es geahnt!«
»Nichts hast du geahnt. Das hier ist erst der Vorgeschmack«, amüsierte sich Bertram.
Nachdem er Christina seinen Kameraden vorgestellt und ihr die neuesten Flugmodelle gezeigt hatte, meinte er lakonisch: »Jetzt kommt die Hauptsache.«
Er lenkte das Auto in Richtung der kleinen Stadt und bog dann zu einer neuerbauten Siedlung mit hübschen Häusern in einer für Christina völlig unbekannten, modernen Bauweise ab. Noch bevor sie

ihre Verwunderung ausdrücken konnte, hielt Bertram vor einem dieser Häuser, dessen Tür von einem hübschen Dienstmädchen geöffnet wurde.
Bertram machte Christina mit dem Herrn des Hauses bekannt. Nun erfuhr sie endlich den Grund dieses Besuches. Herr Siegner suchte einen Käufer für das Grundstück, da er mit seiner Frau im nächsten Jahr in eine andere Gegend ziehen wollte. Er fügte hinzu, dass er dieses Haus eigentlich niemals aufgeben würde. Aber ein kinderloser Onkel habe seine Frau zu seiner Alleinerbin eingesetzt.
»Dazu gehört ein großes Anwesen in ihrer alten Heimat – und der Onkel ist schwer krank.«
Er zeigte ihnen sämtliche Räume und den großzügig angelegten Garten. Christina war begeistert.
»Kannst du denn ein so kostspieliges Haus bezahlen?«, flüsterte sie Bertram zu, als der Hausherr die Gläser holte, um mit ihnen anzustoßen.
»Ich habe etwas auf die hohe Kante legen können. Das andere erledige ich mit einer sehr günstigen Hypothek«, murmelte er.
Beide kehrten in Hochstimmung zum Auto zurück. Nachdem sie die Hauptstraße wieder erreicht hatten, bat Christina, sich seine Wohnung in der Nähe der Flugzeughallen ansehen zu dürfen.
»Und wenn dich jemand bei mir sieht? Das könnte für dich kompromittierend sein.«
»Das macht mir nicht das geringste aus. Außerdem sind die anderen doch alle auf dem Flugplatz oder in der Luft.«
»Du bist eine richtiggehende logische Denkerin. Wir

werden bestimmt einige Stunden ungestört sein.«
Christina war erstaunt über die luxuriöse Ausstattung der kleinen Wohnung, die für einen alleinstehenden Mann völlig ausreichend war. Sie schlang die Arme um ihn und konnte von seinen Küssen nicht genug bekommen. Es kam wie ein Rausch über sie; und sie riss den Mann mit ihrer Leidenschaft mit.
Als sie nach einigen Stunden in seinem völlig zerwühlten Bett erwachte, dunkelte es bereits. Bertram schlief noch. Die Geräusche in dem zweistöckigen Gebäude kündeten davon, dass die Mitbewohner nach Hause gekommen waren.
Zärtlich strich sie Bertram das Haar aus der Stirn und küsste ihn auf seine Augen. Plötzlich fühlte sie sich von zwei kräftigen Armen umfasst, die sie nicht mehr freigaben. Sie liebten sich erneut – voller Leidenschaft, bis zur Ermattung.
Christina hatte jegliches Zeitgefühl verloren, vielleicht wollte sie auch an nichts anderes denken als bei Bertram zu sein. Er besann sich zuerst und sprang wie gehetzt aus dem Bett.
»Christina, es ist schon spät am Abend. Wir müssen aufbrechen.«
»Ich möchte aber bleiben.«
»Das geht nicht, mein Liebling. Noch bist du nicht meine Frau.«
»Ich dachte, das sei ich längst.«
»Ach, mein kleiner Schlaumeier, was du so alles weißt!«
Ernst werdend fügte er hinzu: »Sobald ich den Hauskauf geregelt habe, werde ich bei deinen Eltern um

deine Hand anhalten. Dann wird so schnell wie möglich geheiratet ... «
»Und wenn ich nicht will?«
»Jetzt aber raus aus den Federn, sonst versohle ich dich.«
»Du fängst mich ja doch nicht!«
Christina griff schnell zu ihren Kleidern und rannte ins Wohnzimmer.
Bertram lief ihr hinterher, hielt sie an einem Arm fest und sagte entschlossen: »Wir müssen unbedingt aufbrechen, Christina. Wir dürfen deine Großmutter nicht verärgern.«
»Ich bin schon so gut wie unter der Dusche und beeile mich.«
Christina war tatsächlich in wenigen Minuten fertig, und bald schlichen sie wie zwei Verschwörer leise durch das Treppenhaus.
Auf der Rückfahrt überlegte Christina krampfhaft, welchen Grund sie der Großmutter für die verspätete Rückkehr angeben sollte. Auch Bertram fürchtete sich vor dem forschenden Blick der alten Dame.
»Könnten wir nicht auf eine Autopanne verweisen?«
»Nein, Christina, wir wollen uns nicht in Lügen verstricken. Ich werde um Entschuldigung bitten und dann von der Hausbesichtigung erzählen. Vielleicht durchschaut uns deine Großmutter, aber sie wird uns keine Vorwürfe machen.«
Christina staunte, wie richtig Bertram die Situation eingeschätzt hatte.
Frau Cäcilia Verleuten brauchte nur in die glücklichen Augen der beiden zu blicken, um im Bilde zu

sein. Aber sie hatte Vertrauen zu Baron Rutenfeld und sagte sich, dass er bald um die Hand ihrer Enkelin anhalten werde. Zuvor würde sie ihre Tochter sanft darauf vorbereiten. Vielleicht war es am besten, sie würde Christina nach Matzinnendorf begleiten. Man konnte nie wissen, wie Magdalena und vor allem der Schwiegersohn auf das Scheitern ihrer Pläne reagieren würden.

So geschah es auch. Nach einigen ereignisreichen Tagen, in denen Christina viele Stunden mit Bertram beisammen war, saß sie mit der Großmutter im Zug.

Johannes Notz hatte länger als geplant in Leipzig zu tun; Christina war darüber erleichtert. Sie hätte ihn jetzt nicht ertragen können.

Die Eltern wollten es kaum glauben, dass sich Cäcilia Verleuten zu einem Besuch bei ihnen entschlossen hatte. Aber sie freuten sich sehr, und in den ersten Tagen wollte ihnen Cäcilia die gute Laune nicht verderben.

Als dann eines Abends Johannes Notz mit großen Blumensträußen für alle Damen auftauchte und ankündigte, die Arbeiten an seinem Rittergut gingen bald dem Ende zu, wusste sie, die Zeit der Aussprache mit Tochter und Schwiegersohn war gekommen.

Magdalena fiel aus allen Wolken, Eduard Preterborn tobte. Cäcilia Verleuten musste ihre gesamten Überredungskünste aufbieten, um die beiden zu einem Mindestmass an Selbstbeherrschung zu bewegen.

»Es ist nicht zu fassen: ein Baron in der Familie, der

bettelarm ist und sich in der Luft rumtreibt!«, schimpfte der Schwiegersohn.

Magdalena jammerte ununterbrochen: »Was soll nur Herr Notz von uns denken!«

Selbst die Hinweise auf das Glück Christinas konnten sie nicht beruhigen.

»Und du hast davon gewusst und solange geschwiegen!«, warf sie ihrer Mutter vor.

Diese war fast froh, als sich auch der Zorn Eduards gegen sie richtete.

Zum Glück absolvierte die Enkelin den obligatorischen Abendspaziergang mit Inga. Sie hatte ihr gesagt, sie solle sich viel Zeit lassen …

Als Christina zurückkehrte, empfing sie vorerst eisiges Schweigen. Dann folgte ein Vorwurf auf den anderen, sie kam nicht zu Wort. Damit weckten die Eltern lediglich ihren Trotz.

Christina hatte sich fest vorgenommen, Mutter und Vater um Entschuldigung zu bitten und sie dann von ihrer tiefen Liebe zu Bertram zu überzeugen. Das geht nicht mehr, stellte sie fest. Sie sollte zu Kreuze kriechen und auf ihr Glück verzichten? Sie fühlte, wie sie die Beherrschung verlor.

»Niemals werde ich auf Bertram verzichten!«

»Noch bist du nicht volljährig!«, schrie der Vater zurück.

»So geht das nicht«, mischte sich die Großmutter ein. »Setzt euch alle wieder hin. Ich bin schließlich die Älteste und habe auch ein Wörtchen mitzureden, wenn es um Christinas Zukunft geht. Ich habe Baron Rutenfeld als einen sehr intelligenten und zielstrebigen jungen Mann kennen gelernt und bin überzeugt davon, dass er Christina aufrichtig liebt.«

»Das tut Johannes Notz auch«, warf Frau Magdalena ein.

»Jetzt rede ich«, unterbrach ihre Mutter. »Ich bin noch nicht fertig. Er ist nicht feige, wie ihr es nennt. Er weiß genau, dass er erst um Christinas Hand anhalten kann, wenn er ein gesichertes Einkommen hat, von dem er mit seiner Frau leben kann. Und das hat er in kürzester Zeit geschafft – aus eigener Kraft. Niemand konnte ihm finanziell unter die Arme greifen. Und jetzt kauft er ein Haus, in dem er mit Christina leben will. Ist das etwa keine Grundlage für eine Ehe?«

»Das schon«, gestand Eduard Preterborn ein. »Aber diese Heimlichkeiten, er und Christina haben uns bösartig hintergangen.«

»Bösartig würde ich das nicht nennen. Was wäre denn gewesen, wenn sie euch um Erlaubnis gebeten hätten?«

»Wir hätten sofort jeden Umgang verboten. Dann wäre es niemals zu einer solch unmöglichen Situation gekommen.«

»Genau das hat eure Tochter vorausgesehen. Kann man es den beiden verübeln, dass sie geschwiegen haben?«

»Trotzdem«, erklärte Eduard Preterborn und betonte jedes Wort, »mir passt das Ganze überhaupt nicht. Christina ist zu jung, sie hat keine Ahnung, was eine Ehe bedeutet.«

»Aber für Herrn Notz bin ich nicht zu jung!«

»Du kannst deine Meinung später äußern.«
Die Großmutter schaute jetzt auch sie zornig an und fuhr fort: »Wir sollten erst einmal festhalten, dass die beiden jungen Leute euch nicht wirklich hintergehen wollten, sie fürchteten sich einfach vor dem vorauszusehenden Verbot, zumal ihr für Christina bereits einen anderen Anwärter ins Auge gefasst habt.«
Als Tochter und Schwiegersohn schwiegen, bemerkte sei weiter: »Das einzige, worum ich mir Sorgen mache, ist der Beruf des jungen Mannes. Er ist sehr gefährlich, Christina wird viele Ängste ausstehen müssen. Wirst du das ertragen?«
»Für Bertram ertrage ich alles, Großmutter.«
»In diesem Falle ist dir wohl doch nicht klar, was alles auf dich zukommt. Aber das ist das Vorrecht der Jugend. Wohin kämen wir sonst!«
Jetzt mischte sich erneut Frau Magdalena ein: »Und ich bleibe dabei, dieser Rutenfeld ist nichts für meine Tochter. Was wird aus ihr, wenn er abstürzt?«
»Er wird nicht abstürzen!«, rief Christina mit bebenden Lippen.
Dann redeten alle durcheinander. Schließlich einigte man sich darauf, das Gespräch am folgenden Tag fortzusetzen. Jetzt führte es zu nichts. Das erkannte auch Cäcilia Verleuten.
Doch dieser Tag wurde überschattet von einer entsetzlichen Nachricht.
Am späten Vormittag, bei den Preterborns hatte man erst jetzt fast schweigend das Frühstück eingenommen, läutete Martha, kalkweiß im Gesicht, an der Tür.

Als sie Christina erblickte, stürzten ihr die Tränen aus den Augen. Dann gab sie ihr das Telegramm: »Baron Rutenfeld schwer verunglückt. Lebensgefahr«. Die wenigen Worte stammten von seinem Freund Karl von Baldaus.
Wenn sie ihr Vater nicht aufgefangen hätte, wäre Christina in der Eingangshalle auf den Fußboden gestürzt. So erreichte sie, vor Entsetzen zitternd, gerade noch eine der Polsterbänke. Dann wurde sie ohnmächtig.
»Schnell, einen Kognak, das hilft«, rief der Vater dem Hausmädchen zu.
»Nein«, sagte Frau Magdalena, »das ist zu gefährlich. Sie könnte sich verschlucken. Was steht eigentlich in dem Telegramm?«
Martha hatte das Papier aufgehoben, das Christinas Händen entglitten war, und reichte es nun Frau Magdalena.
»Das ist ja entsetzlich! Eduard, er ist abgestürzt...«
Hilflos schaute sie auf ihre Tochter, deren schneeweißes Gesicht langsam wieder Farbe annahm.
»Hätte ich voraussagen können«, murrte Eduard Preterborn.
Aber seine hilflose Tochter gab ihm doch zu denken. Nein, das war kein Flirt aus jugendlichem Leichtsinn. Die Nachricht schien die Tochter mitten ins Herz getroffen zu haben. Noch nie hatte er sie schwach oder gar ohnmächtig erlebt. Sie tat ihm leid, trotzdem kam bei ihm ein gewisses Gefühl von Zufriedenheit auf. Vielleicht hatte das Schicksal gesprochen.

»Nun lasst den Kopf nicht hängen, Christina kommt wieder zu sich!«
Das Mädchen blickte unsicher in die Runde, dann schien es das Geschehene wieder wahrzunehmen und stürzte sich aufweinend der Großmutter in die Arme, die neben Christina Platz genommen und ihren Kopf gestützt hatte.
Martha verließ leise das Haus. Hier hatte sie nichts mehr zu suchen. Die Preterborns schienen über die Verbindung zwischen Christina und dem jungen Baron im Bilde zu sein. Sie wollte jetzt zu Baron Wolfram eilen.
Die Unglücksnachricht hatte Wolfram mehr als er sich eingestehen wollte erschüttert. Nein, er hatte die Absichten des Bruders nicht gebilligt und ihn vor den Gefahren gewarnt. Aber dieser Unfall – Bertram war noch so jung.
Zum ersten Mal bot er Martha Ebert ein Glas Wein an und fragte: »Was soll ich tun?«
»Sie sollten sich schnellstens auf den Weg machen. Herr von Baldaus hat Ihnen doch die Anschrift des Krankenhauses beigefügt, in dem Ihr Bruder liegt.«
»Sie haben Recht, Martha. Ich muss nur noch einige Arbeiten verteilen und mich beim neuen Besitzer abmelden. Er wird sicherlich Verständnis haben.«
Dann bemerkte er, wie Martha nur zögerlich zur Tür ging und dann entschlossen stehen blieb.
»Haben Sie noch etwas auf dem Herzen?«
»Fahren Sie mit dem Auto?«
»Selbstverständlich.«
»Ist da vielleicht noch ein Platz frei?«

»Wollen Sie etwa mitfahren?«
»Ich? Nein, um Gottes Willen, auch wenn ich gern möchte, ich bin für eine solche Anstrengung zu alt. Ich dachte nur...«
»Was denken Sie, Martha?«
Augenblicklich ahnte er, an welche Person die alte Dienerin dachte. Nein, sie durfte nicht weitersprechen...
Doch Martha überwand plötzlich ihre Scheu: »Ich wollte fragen, ob Sie vielleicht Fräulein Christina Preterborn mitnehmen könnten.«
Dann schilderte sie ihm die Szene im Hause Preterborn und fügte hinzu, dass Christina bestimmt alles unternehmen wird, um zu Bertram zu gelangen.
»Aber ob ihre Eltern es erlauben... Ihnen, Herr Baron, werden sie ihre Tochter vielleicht anvertrauen. Das Kind ist halbtot vor Kummer.«
»Und wenn das Schlimmste eintritt?«
Martha schluckte und wischte sich die Tränen aus den Augen: »Auch in dem Falle wird Ihnen Christina dankbar sein. Sie werden mit ihr keine Schwierigkeiten haben. Sie ist stark. Und sie liebt Ihren Bruder sehr.«
Nun hörte er es schwarz auf weiß. Hatte er die Kraft, dieses schöne Mädchen längere Zeit an seiner Seite zu ertragen? Aber was zählte das schon. Vielleicht erfüllte er damit seinem Bruder einen letzten Wunsch...
»Gut, Martha, ich brauche etwa zwei Stunden, um alles zu erledigen und einige Sachen zu packen. Wenn mich das Fräulein Preterborn begleiten will...

Ich könnte sie dann abholen.«
»Vielen Dank. Ich laufe sofort zu ihr. Sie sind ein guter Mensch.«
Ach, Martha, seufzte er, wenn du meine geheimsten Wünsche kennen würdest...
Bei den Preterborns war man völlig kopflos. Christina hatte sich einigermaßen gefangen und bestand darauf, Baron Bertram zu sehen.
»Ich würde es mir nie verzeihen, wenn ich ihn nicht sofort besuche.«
»Wo willst du ihn aufsuchen? Das Telegramm hat keinen Absender.«
»Ich werde ihn finden. Im Flugzeugwerk wird man es wissen.«
»Du wirst hier bleiben und auf eine weitere Nachricht warten. Ich erlaube dir nicht, so Hals über Kopf abzureisen«, eiferte sich der Vater.
»Ich lasse mir nichts befehlen. Sein Bruder hat vielleicht die Anschrift, ich laufe zu ihm.«
In wenigen Sekunden war sie auf der schmalen Straße der Villensiedlung und rannte das abschüssige Gelände hinunter. Kurz vor der Hauptstraße erblickte sie Martha, die ihr schnellen Schrittes entgegen kam.
»Fräulein Christina«, rief sie von weitem. »Baron Wolfram fährt zu seinem Bruder und würde Sie mitnehmen.«
»O Martha, gerade wollte ich zu ihm.«
»Das ist nicht mehr nötig, er holt Sie in etwa zwei Stunden bei Ihren Eltern ab. Packen Sie schnell einen Koffer, vielleicht bleiben Sie einige Tage.«

»Die Eltern wollen es mir nicht erlauben.«
»Und was wollen Sie?«
»Natürlich fahre ich.«
»Dann beeilen Sie sich – und schicken Sie mir bitte sofort eine Nachricht.«
»Das mache ich, beste Martha.«
Christina umarmte die alte Frau und drückte ihr einen Kuss auf die Wange.
Die Eltern staunten nicht schlecht, als die Tochter nach wenigen Minuten zurück kam.
»Baron Wolfram wird mich in zwei Stunden hier abholen.«
Christina kümmerte sich nicht um die erstaunten Gesichter und rannte in ihr Ankleidezimmer. Sie bemühte sich, genau zu überlegen, was sie auf der Reise brauchte. Dann rief sie nach Elli, damit sie einen Koffer vom Boden hole.
Als die Großmutter eintrat, fand sie eine gefasste Enkelin vor, die sich keinesfalls von ihrem Plan abhalten lassen würde.
»Du hast dich also entschieden, Kind.«
»Ja, Großmutter. Bist auch du gegen meine Reise?«
»Wie könnte ich. Wenn dich sein Bruder tatsächlich mitnimmt...«
»So ist es, Großmutter. Ich habe unterwegs erneut Martha getroffen. Sie kam gerade von ihm. Er hatte sofort Verständnis.«
»Ich bin trotzdem nicht sicher, ob sich deine Eltern umstimmen lassen. Bitte, sprich noch einmal mit ihnen. Ich helfe Elli inzwischen beim Packen.«
Eigentlich wollte Christina widersprechen, aber

dann siegte die Vernunft. Die Eltern schienen sich etwas beruhigt zu haben, trotzdem versuchten sie erneut, Christina von der Reise abzuhalten. Ihr Protest war allerdings entschieden schwächer geworden. Das Mädchen spürte das genau und versprach, auch die Rückreise wieder mit Baron Wolfram anzutreten.
»Es geht nicht an, dass du allein dort bleibst. Versprichst du das?«
»Ja, Mutter.«
Christina hätte in diesem Augenblick alles versprochen, Hauptsache sie durfte zu Bertram.
Während der Fahrt sprachen sie nur wenige Worte. Christina war das recht, sie staunte lediglich ein wenig, wie verschieden die beiden Brüder waren.
Im dem kleinen Krankenhaus wurde ihnen bedeutet, dass der Baron nicht bei Bewusstsein ist, man ihn auf keinen Fall sehen könnte. Zur Zeit seien einige Spezialisten aus der Berliner Charité bei ihm. Nach dieser Untersuchung würde der Chefarzt sie empfangen.
»Am besten, Sie warten bis dahin in unserem schönen Park. Ich werde Sie dann holen«, sagte die Krankenschwester.
Es blieb ihnen nichts anderes übrig, als sich zu fügen.
»Er lebt«, flüsterte Christina.
»Ja, hoffentlich schafft er es.«
»Das wird er.«
Plötzlich gewann sie wieder Zuversicht, und sie war keineswegs gekränkt, dass sie jetzt vielleicht stundenlang warten mussten. Sie nahm auf einer Bank

Platz, aber Baron Wolfram hielt es nicht an ihrer Seite.
»Ich muss mich etwas bewegen«, sagte er entschuldigend. »Ich bin rechtzeitig zurück.«
Damit ging er im Eilschritt die kleine Allee hinunter und ließ Christina allein. Sie wunderte sich darüber keineswegs, sie war froh, ungestört zu sein.
Sie bemerkte nicht, dass sehr viel Zeit vergangen war, als er wieder vor ihr stand.
»Ich habe inzwischen mit dem Chefarzt gesprochen.«
»Und ich?«
»Für eine Frau war das Gespräch nicht geeignet.«
Sie wollte ihm vorwerfen, wie unfair er sich verhalten hatte. Aber kein Wort kam über ihre Lippen.
»Wenn Bertram den heutigen Tag und die Nacht überlebt, könnten die Ärzte die dringendsten Maßnahmen einleiten«, wurde mir gesagt.
»Haben Sie Ihren Bruder gesehen?«
»Nein. Das wurde mir nicht erlaubt. Und das wird sich sobald nicht ändern.«
Christina erschauerte. Diesen kalten, unpersönlichen Ton konnte sie nicht ertragen.
»Dann darf auch ich nicht zu ihm?«
»Nein.«
»Sind seine Verletzungen so schlimm?«
»Schlimmer als man sich vorstellen kann. Es ist ein Wunder, dass er den Transport von der Absturzstelle bis hierher überlebt hat. Eigentlich müsste er sofort in eine Spezialklinik, aber er ist nicht transportfähig. Ein Risiko will keiner eingehen. Die Spezialisten

aus Berlin hat Bertrams Chefingenieur angefordert, vielleicht können sie ihn retten.«

Wolfram konnte selbst nicht begreifen, warum er dieses Mädchen quälte.

Aber noch hatte er ihr nicht die ganze Wahrheit gesagt.

»Bisher hat man einen Schädelbruch, Brüche an Armen und Beinen und womöglich am Hüftgelenk festgestellt. Über innere Verletzungen wollte sich der Chefarzt nicht festlegen.«

»O mein Gott, er muss wieder gesund werden!«

Eigentlich wollte ihr Wolfram noch den Hinweis des Arztes mitteilen, dass Bertram – so er überlebe – querschnittsgelähmt bleiben würde. Außerdem könnte es möglich sein, dass er einen bleibenden Gehirnschaden davonträgt. Doch dann schob er diese Nachricht auf. Es war zu grausam.

»Wir können nichts tun, Fräulein Preterborn. Mein Bruder ist wirklich in den besten Händen. Man hat mir vorgeschlagen, in seiner Wohnung zu übernachten. Dort bin ich telefonisch jederzeit erreichbar. Für Sie habe ich ein Zimmer im Hotel reservieren lassen.«

»Ich will in kein Hotel. Ich will hier bleiben. Wenn er erwacht, muss doch jemand bei ihm sein.«

»Er wird nicht erwachen. Die Schmerzen könnte er nicht ertragen. Die Medikamente verhindern das Schlimmste.«

Christina klammerte sich an der Bank fest. Was sollte sie nur tun? War sie denn völlig hilflos diesem arroganten Bruder ausgeliefert? Warum hatte er den

Chefarzt ohne sie aufgesucht? Schämte er sich ihrer, weil sie noch nicht die Frau des Bruders war?

Sie wusste nicht, was sie denken sollte, geschweige denn, ob sie sich ihm fügen musste. Und wenn sie heimlich mit der Schwester sprach? Vielleicht konnte sie mit deren Hilfe einen Blick auf den Kranken werfen. Doch solange Baron Wolfram dabei war . . . Er würde das zu verhindern wissen.

Als kenne er ihre Überlegungen, sagte er: »Es ist zwecklos, im Krankenhaus zu warten. Wenn sich etwas ändert, werde ich sofort telefonisch verständigt. Dann rufe ich im Hotel an.«

»Und ich soll mich darauf verlassen können?«

»In diesem Falle: ja.«

Er wollte eigentlich hinzufügen, dass er ihr den vorauszusehenden trüben Bericht des Chefarztes ersparen wollte, aber er unterließ es. Sollte er sich bei diesem Mädchen etwa entschuldigen? Und plötzlich bereute er, sich auf Marthas Vorschlag eingelassen zu haben.

»Wir fahren jetzt zum Hotel«, sagte er.

Christina setzte sich stumm neben ihn, mit den Tränen kämpfend. Er sollte diese nicht bemerken, sie würde ihm nicht zeigen, wie sein Verhalten sie verletzt hatte.

Es war ein kleines Hotel mit freundlichen Wirtsleuten, urgemütlich ausgestattet. Doch Christina hatte keinen Blick dafür. Sie sank auf ihr Bett – nun konnte sie ihren Tränen freien Lauf lassen. Dann riss sie sich zusammen, tilgte einigermaßen die Spuren ihres Kummers und bestellte sich ein Mietauto zum

Krankenhaus. Die Schwester in der Aufnahme sah sie bestürzt an, verständigte dann aus einer Geste des Mitleids heraus den diensthabenden Arzt. Dieser erkundigte sich sofort, ob sie die Frau des Patienten sei.
»Nein.«
»Dann darf ich Ihnen keinerlei Auskunft geben. Außerdem hat man Ihnen am Nachmittag bereits gesagt, dass dem Verunglückten jeglicher Besuch schaden würde. Er braucht äußerste Ruhe.«
»Wird er überleben?«
Der Arzt schien endlich die enge Verbindung der Besucherin mit dem Patienten zu begreifen: »Wir tun alles Menschenmögliche, um ihn zu retten. Eine kleine Hoffnung gibt es.«
Er wollte dieser jungen Frau ein wenig Mut machen. Sie war nahe an einer Nervenkrise.
»Danke, Herr Doktor.«
Wie im Traum fuhr sie zurück. Schlaf konnte sie nicht finden; sie hörte auf jedes Geräusch. Am meisten fürchtete sie sich vor dem Schrillen des Telefons in der Halle. Aber es blieb stumm.

Baron Wolfram wartete drei Tage, dann drängte er zum Aufbruch. Inzwischen hatten die Ärzte Bertram so weit stabilisiert, dass keine unmittelbare Lebensgefahr mehr bestand und man ihn baldmöglichst nach Berlin bringen wollte. Karl von Baldaus erbot sich, ihn in die Hauptstadt zu fliegen. Aber noch lag dieser Termin in weiter Ferne. Bertram war noch nicht erwacht.
Christina sah ein, dass sie mit Baron Wolfram zurückkehren musste. Bertrams Freund versprach ihr, sie über alle Veränderungen sofort zu informieren. Jetzt konnte er ja direkt an ihre Adresse nach Matzinnendorf schreiben.
Wie die Hin- verlief auch die Rückfahrt fast schweigend. Baron Wolfram hätte Christina gern einige tröstende Worte gesagt. Er konnte es nicht.
Noch immer war es ihm ein Rätsel, wie der Bruder das Mädchen entdeckt hatte. Sie schienen sich sehr oft getroffen zu haben, ohne dass Wolfram davon ahnte. Wie dumm von ihm, nicht früher ihre Bekanntschaft gesucht zu haben, bevor Bertram wieder in Matzinnendorf auftauchte. Nun war es zu spät. Oder doch nicht? Würde sie einen Krüppel zum Mann nehmen? Aus ihrer bisherigen Reaktion konnte er nichts schließen. Sie hat das Ganze noch nicht verarbeitet, überlegte er. Sein Schweigen über Bertrams Zustand hatte Christina Preterborn bestimmt ernstlich erzürnt.
Doch was hätte er tun sollen? Sie mit dem entsetzlichen Untersuchungsergebnis konfrontieren und damit einen Nervenzusammenbruch befördern?

Dann läge sie jetzt auch im Krankenhaus. Er war schließlich für sie verantwortlich. Sie konnte Bertram nicht helfen, ein längeres Verweilen in Krankenhausnähe wäre absolut sinnlos gewesen.

Baron Wolfram brachte Christina bis zur Haustür und verabschiedete sich sofort. Einer Begegnung mit der Familie wollte er ausweichen. Er musste jegliche Vertrautheit vermeiden, um seine Herzensruhe wiederzufinden.

Frau Magdalena war über die brüske Abfahrt des Barons empört. Christina verteidigte ihn: »Er ist ein eigenartiger Mensch, sehr wortkarg. Vielleicht will er jetzt allein sein.«

Sie musste wohl oder übel über jede Einzelheit der Reise, über den Zustand des Kranken, die Unterbringung im Hotel und die Gespräche mit den Ärzten berichten.

Schließlich griff die Großmutter ein: »Lasst doch das Kind erst einmal zur Ruhe kommen. Es kann sich ja kaum noch aufrecht halten.«

Nachdem sich Christina mit Cäcilia Verleuten zurückgezogen hatte, beratschlagten die Eltern, was nun geschehen solle.

»Ich werde morgen zu Baron Rutenfeld gehen. Aus Christina ist ja nichts Genaues herauszubekommen«, gab Eduard Preterborn bekannt.

»Es scheint nicht gut auszusehen«, meinte seine Frau, »wenn er nicht einmal bei Besinnung war. Christina sollte sich ihn aus dem Kopf schlagen.«

»Wenn wir jetzt wieder auf sie eindringen, reagiert sie erneut trotzig. Aber ich denke, er wird nie wieder ein Flugzeug steuern können. Vielleicht hat er ja auch innere Verletzungen, von denen Christina nichts weiß. Sein Bruder wird es mir genau sagen. Vielleicht sieht sie dann ein, dass dieser Baron kein Mann für sie ist.«

»Hoffen wir es«, seufzte Frau Magdalena.

Der Besuch im Rittergut verlief zu Eduard Preterborns vollster Zufriedenheit. Baron Wolfram hatte ihm unumwunden zu verstehen gegeben, dass sein Bruder nie mehr richtig gesund würde, an den Beinen gelähmt bleibe.

»Welche Komplikationen sich noch herausstellen werden, das weiß bisher niemand«, erklärte Wolfram.

Er registrierte sofort, dass der Vater nicht auf Seiten seiner Tochter war, und er konnte nicht umhin, das in Ordnung zu finden.

Eduard Preterborn nahm sich vor, in den nächsten Tagen Johannes Notz wieder einmal zum Essen einzuladen. Das würde Christina auf andere Gedanken bringen. Von ihrer Reise zu dem verunglückten Baron musste man ja nichts erwähnen.

Seine Frau war sofort einverstanden, nur Cäcilia Verleuten schüttelte den Kopf.

Sie war erschüttert von der unsensiblen Art ihrer Tochter, vom Schwiegersohn hatte sie nichts anderes erwartet. Am liebsten wäre sie sofort nach Hause aufgebrochen, aber sie wollte Christina nicht sich selbst überlassen. Sie ahnte erneute Auseinandersetzungen.

Diese begannen bereits, als Magdalena Preterborn

ihrer Tochter mitteilte, man erwarte den Rechtsanwalt am heutigen Abend.

»Ich will ihn nicht sehen«, erklärte Christina.

»Du wirst dich verhalten, wie es sich für eine Tochter aus gutem Hause geziemt. Er weiß nichts von deinen Eskapaden, also werden wir auch kein Wort darüber verlieren. Vater und ich wünschen, dass du dich daran hältst.«

Christina hätte sowieso nichts darüber gesagt. Sie zog sich völlig in sich zurück. Nur der Großmutter zeigte sie ihren großen Kummer, aber diese würde bald nach Leipzig zurückkehren. Sie konnte es ihr nicht verdenken. Die angespannte Stimmung im Haus war nicht zum Aushalten. Selbst die Hündin zog sich still in ihr Körbchen zurück.

Johannes Notz stellte sofort die Veränderung fest, die mit Christina vor sich gegangen war. Warum schauen ihre Augen so traurig, sieht sie so blass aus?, fragte er sich. Irgendetwas musste vorgefallen sein. Er bemühte sich redlich, sie in das Gespräch bei Tisch einzubeziehen, aber die Antworten kamen mehr als einsilbig.

Dafür wirkte Frau Magdalena wie aufgezogen, ihr Lachen erschien ihm gekünstelt und selbst Eduard Preterborn war irgendwie anders. Nur mit Frau Cäcilia Verleuten kam eine angenehme Unterhaltung zustande, es machte Spaß, ihre Meinung herauszufordern.

Eigentlich wollte Johannes Notz mitteilen, dass er bald seinen Wohnsitz in das Rittergut verlegen werde, da die Bauarbeiten fast völlig erledigt waren. Er hätte sehr gewünscht, dass sich Christina Preterborn die Räume einmal ansehen würde, da er sich persönlich nicht sonderlich mit dem Innenarchitekten verstand. Doch er hatte das Gefühl, dieses Thema sei heute nicht am rechten Platze.

Schon sein kurzer Besuch im Rittergut war eigentümlich gewesen. Baron Rutenfeld wirkte unaufmerksam, ganz gegen seine sonstige Art. Johannes wusste zwar, dass dieser sich aus familiären Gründen einige Zeit außerhalb Matzinnendorfs aufgehalten hatte – von dem Unfall seines Bruder erfuhr er eigentümlicherweise nichts. Vielleicht lag es daran, dass man ihn im Rittergut als Eindringling betrachtete.

Erst einige Tage später erzählte ihm ein Klient davon. Plötzlich erinnerte er sich, dass er diesen jüngeren Rutenfeld in Leipzig im Hotel gesehen hatte. Später, als er einmal zum Tee bei Frau Cäcilia Verleuten und ihrer Enkelin war und dies kurz erwähnte, kam von den beiden Frauen keinerlei Reaktion. Jetzt plötzlich schien es ihm, als ob man von diesem Thema abgelenkt hätte. Gab es vielleicht einen Zusammenhang zwischen dem Besuch Christina Preterborns in Leipzig und diesem jetzt verunglückten Baron? Er hatte einmal eine derartige Andeutung vernommen. Sie aber als völlig aus der Luft gegriffen abgetan. Wo war das nur?

Jetzt erinnerte er sich. Er war zu Gast bei einem ehemaligen Freund seiner Eltern. Dessen Tochter schien sich für ihn zu interessieren. Aus diesem Grunde vermied er weitestgehend derartige Einla-

dungen. Einmal blieb ihm nichts anderes übrig, als durchblicken zu lassen, dass sein Herz vergeben sei.
Diese Lucie Rückert hatte schnell herausgefunden, wer die Erwählte war. Als sie damals das Gespräch auf den jungen Baron und Christina Preterborn brachte, hielt er es für Verleumdung. Wenn es nun aber der Wahrheit entsprach? Die eigenartige Stimmung im Hause der Preterborns sprach fast dafür. Trotzdem konnte er sich eine nähere Bekanntschaft zwischen den beiden nicht vorstellen. Und doch – schon auf der Fahrt nach Leipzig war ihm das Mädchen so fremd vorgekommen, als sie vor Freude die lustigsten Dinge erzählte. Sollte diese Freude etwa nicht nur dem bevorstehenden Besuch bei der Großmutter gegolten haben?
Johannes Notz war ein kluger Kopf, ein scharfer Denker. Seine Schlüsse zog er erst, wenn er sich von der Richtigkeit seiner Gedanken überzeugt hatte. Da er sich nunmehr nicht mehr gegen die aufgekommene Vermutung wehren konnte, beschloss er, sich entsprechend zu erkundigen – obwohl, eigentlich wäre es im lieber, diesen möglichen Zusammenhang nicht bestätigt zu finden.
An einem der folgenden Tage fragte er bei seinem Architekten nach.
»Ja, wissen Sie das denn nicht, Herr Notz?«, wunderte sich dieser. »Der Bruder unseres Baron ist mit dem Flugzeug abgestürzt. Man soll ihn schwer verletzt aus dem Wrack gezogen haben, seine Überlebenschancen standen bei Null. Deshalb hat sich der Baron so ganz schnell einige Tage Urlaub erbeten. Er

hat sogar das Fräulein Preterborn mitgenommen. Darüber sind wir hier alle sehr erstaunt.«

So war das also. Da er wusste, der Architekt war kein geschwätziger Mensch, zweifelte er nicht an der Wahrheit dieser Worte. Seine Gedankenkombination hatte ihn also nicht getrogen. Warum verheimlichten die Preterborns das vor ihm? Weil sie wussten, dass er ihre Tochter zu seiner Frau machen wollte?

Allerdings – Christina Preterborn selbst, ja, sie hatte nie zu erkennen gegeben, ob sie mit dem Wunsch ihrer Eltern einverstanden war. Und das, was er als ihre mädchenhafte Scheu akzeptiert hatte, war das vielleicht nichts anderes als eine ablehnende Haltung?

In diese Überlegungen hinein sagte der Architekt: »Die Leute hier sprechen davon, dass Baron Bertram zwar mit dem Leben davongekommen sei, aber für immer ein Krüppel bleibe. Schade um so einen jungen Menschen.«

»Es wird viel geredet ...«

»In diesem Falle stimmt es leider. Die Frau Martha Ebert kam ganz aufgelöst aus dem Verwalterhaus und klagte darüber, dass Baron Wolfram sich noch keine Gedanken darüber gemacht habe, wer seinen Bruder einmal pflegen soll. Wenn er alles überstanden habe, dann brauche er doch jemand.«

»Nun, bis dahin ist noch lange Zeit.«

»Gewiss.«

Johannes Notz konnte sich beim weiteren Gespräch nur schlecht zusammennehmen. Als einer der Bauar-

beiter eine Entscheidung des Architekten brauchte, verabschiedete er sich hastig und ging mit ungewohnt schnellem Schritt zu seinem Auto.
Unterwegs hielt er an einem kleinen Landgasthaus, bestellte sich Kaffe und Kuchen und versuchte, Klarheit über sich und Christina Preterborn zu gewinnen. Der Kaffee munterte ihn etwas auf, aber den Kuchen ließ er lange unberührt. In der Stille der Wirtsstube fielen ihm immer neue Hinweise darauf ein, dass die Zurückhaltung des Mädchens mit diesem abgestürzten Baron zu tun haben musste.
Das Eigenartige war allerdings, dass er Christina nicht böse sein konnte, dann eher ihrem Vater. Eine Andeutung hätte dieser zumindest machen können, denn er wusste ja von dieser Verbindung und hatte nichts dagegen unternommen, als das Mädchen mit Baron Wolfram in dieses Krankenhaus gefahren ist.
Jetzt wollte sich Johannes erst einmal über seine Gefühle zu Christina klar werden. Liebte er sie noch? Es war schlimm, er konnte diese Liebe nicht aus seinem Herz reißen.
Als er in seiner Kanzlei eintraf, teilte ihm die Sekretärin mit, Herr Preterborn habe bereits zweimal angerufen, er wolle ihn dringend aufsuchen.
»In der nächsten Stunde habe ich zu tun. Aber dann kann er gern kommen. Rufen Sie bitte zurück und sagen Sie ihm das.«
Etwas Zeit blieb ihm also, bevor Eduard Preterborn eintreffen würde. Höchstwahrscheinlich wird dieser ihm mitteilen wollen, was er längst erfahren hatte.
So war es auch. Eduard Preterborn versuchte, die

peinliche Situation dadurch zu entkräften, indem er die Beziehung seiner Tochter zu Baron Bertram als romantische Jugendschwärmerei abtat.
Der Rechtsanwalt hätte es gern geglaubt. Aber in diesem Fall vertaute er seinem väterlichen Freund nicht mehr.
»Wir konnten einfach nichts dagegen tun, als sie den Verunglückten besuchen wollte. Wir haben uns gesagt, wenn sie sich persönlich davon überzeugt, dass er ein Krüppel bleiben wird, vergeht ihr diese Mädchenschwärmerei.«
»Und nun?«
»Sie kam völlig verstört zurück. Du wirst es bei deinem Besuch bestimmt bemerkt haben. Aber ich denke, sie wird sich bald wieder fangen und dann ist dieses Kapitel vorbei. Sie war immer vernünftig, du musst nur Geduld haben.«
»Wir werden sehen...«
»Ach was, mache ihr den Hof, bringe für ihr Hündchen etwas Schönes mit, dafür ist sie empfänglich. Sie kann schließlich nicht ewig Trübsal blasen. Magdalena und ich haben auch noch ein Wörtchen mitzureden.«
Johannes Notz war froh, als Eduard gegangen war. Nein, unter Zwang würde er Christina nicht zu seiner Frau machen, auch wenn er sie noch so sehr liebte. Jetzt würde er erst einmal alle Einladungen Eduards ablehnen, genügend Gründe dafür ließen sich ohne Probleme finden.
Frau Magdalena ärgerte sich, dass der Rechtsanwalt nicht mehr zu ihnen kam. Sie machte ihrem Mann

Vorwürfe, er hätte ihm die Situation mit Christina nicht richtig dargestellt. Eduard Preterborn ließ das nicht auf sich sitzen, so kam es zu einem heftigen Streit. Zum Glück war seine Schwiegermutter wieder zurück nach Leipzig gefahren, sie hätte sich garantiert eingemischt.

Christina war die Spannung im Elternhaus gleichgültig. Sie wartete sehnsüchtig auf eine Nachricht von Bertram.

Nur einmal hatte ihr Karl von Baldaus kurz mitgeteilt, dass man erwäge, Bertram demnächst in die Berliner Charité zu bringen. Bisher sei er nur einmal kurz erwacht, er habe keine Ahnung von seinem Zustand.

Inzwischen waren fast drei Monate seit dem Unglück vergangen. Christinas Geburtstag kam heran, sie konnte keine Freude empfinden. Selbst die von der Mutter mit großer Aufmerksamkeit ausgesuchten Geschenke ließen sie kalt. Lediglich das neue, größere Körbchen für Inga, das Johannes Notz einige Tage später vorbeibrachte, gefiel ihr. Er kam ihr irgendwie fremd vor, blieb nur kurz zum Tee und unterließ seine bisherigen Komplimente.

Sie hoffte, wenigstens einen nachträglichen Geburtstagsgruß von Bertram zu erhalten. Aber auch die nächsten Wochen vergingen ohne ein Zeichen von ihm. Christina fühlte sich schwach, ihr war oft schwindelig und übel. Die Aufregung wird sich mir auf Magen und Kreislauf gelegt haben, versuchte sie sich zu beruhigen.

Wenn sie allerdings in den Spiegel blickte, erschrak sie: Dunkle Ringe umkränzten ihre Augen, ihre sonst frische, rosige Haut war fahl. Nein, so ging es nicht weiter. Selbst der Mutter fiel diese Veränderung auf.

»Du musst mehr an die frische Luft gehen«, empfahl sie der Tochter. »Auch deine Spaziergänge mit Inga dauern jetzt nur kurze Zeit. Das ist gegenüber dem Hund unfair. Was kann Inga dafür, wenn du Trübsal bläst!«

Den Hinweis auf ihren Hund akzeptierte Christina. Ja, Inga litt tatsächlich unter ihrem Kummer.

»Komm, Inga, wir laufen zum Oberberg.«

Die Hündin schien darauf gewartet zu haben. Schwanzwedelnd rannte sie zur Tür, durch den Gar-

ten und sprang an der Pforte in die Höhe. Sie hatte inzwischen herausbekommen, wie man sie öffnet. Ein kräftiger Sprung, ein Druck mit der Vorderpfote auf die Klinke – schon war der Weg ins Hundeparadies frei.
Christina lächelte. Wie gut, dass ihr Inga gehörte. Sie liefen zum Oberberg, das Mädchen warf Stöcke, denen die Hündin freudig hinterher jagte. Aber als sie oben angekommen waren und Christina ins Tal blickte, übermannte sie erneut der Kummer. Wie oft hatte sie hier mit Bertram gestanden, wie hatten sie sich umarmt, geküsst...
Sie beschloss, diesen Platz schnell zu verlassen. Sie könnte bei Martha Ebert vorbeischauen, vielleicht weiß diese etwas Neues von Bertram.
Martha freute sich über den Besuch. Sie wirtschaftete in der großen Bauernküche, Tochter und Schwiegersohn waren nicht zu Hause. Christina setzte sich auf die Holzbank am Ofen und nahm dankbar die Einladung zu einer Tasse heißer Milch an.
Die alte Frau kannte nichts Neues von Bertram.
»Sein Bruder hat auch keine Nachricht.«
Dann schaute sie Christina eindringlich an.
»Geht es Ihnen nicht gut, Fräulein Preterborn?«
»Ach, Martha, das Warten macht mich ganz krank.«
»Ist es nur das?«
»Ja, natürlich...«
»Es geht mich nichts an, Fräulein Preterborn, aber ich bin eine alte, erfahrene Frau. Ihr Aussehen lässt auf etwas anderes schließen. Da täusche ich mich selten.«

»Auf etwas anderes?«
Du mein Gott, dachte Martha, das Kind scheint noch nichts zu ahnen.
»Ist Ihnen morgens übel?«
»Ja, manchmal. Aber es vergeht dann wieder.«
»Und haben Sie sich keine Gedanken über die Ursache gemacht?«
Jetzt schaute Christina sie mit großen, erschrockenen Augen an: »Sie meinen ... «
»Ja, das meine ich.«
»Wenn das wahr ist, dann muss es Bertram sofort erfahren. Er wird sich freuen; wir werden ein Kind haben! Ach, Martha, nun wird alles gut.«
Diese Meinung konnte Martha überhaupt nicht teilen.
»Nun setzen Sie sich erst mal wieder hin. Haben Ihre Eltern schon etwas bemerkt?«
»Nein.«
»Wie werden sie es aufnehmen?«
»Ich weiß nicht. Papa wird wütend werden, und Mama wird jammern und mir Vorwürfe machen«, gestand Christina zaghaft.
»Sie sind noch sehr jung. Jetzt nach dem Unfall ... Es wäre besser, ihre Eltern würden es noch nicht erfahren.«
»Da haben Sie bestimmt Recht, Martha. Was soll ich tun?«
»Zuerst einmal das Geheimnis hüten«, schlug diese vor. »Und Sie sollten es auch Baron Bertram nicht sofort schreiben. Stellen Sie sich vor, wie das auf ihn wirken könnte, wenn er inzwischen erfahren hat,

dass er zeitlebens im Rollstuhl bleiben muss.«
Christina starrte sie wie einen Geist an. Sie hatte gehofft, Bertram würde nach einiger Zeit wieder voll bei Kräften sein.
»Wer hat Ihnen das gesagt?«
Plötzlich begriff Martha, dass Christina Preterborn völlig ahnungslos war, wie schwer die Verwundungen des Barons sind. Sie verlor alle Scheu vor dem Mädchen dieser reichen Preterborns, setzte sich neben sie und ergriff ihre Hände.
»Das weiß ich von seinem Bruder. Mit so etwas spaßt er nicht.«
»Und ich bin nicht bei ihm, kann ihn nicht trösten.«
»Er ist ein Mann, Fräulein Christina, es würde ihm nicht helfen, wenn Sie ihn so hilflos erleben würden. Bestimmt möchte er, dass sie ihn so nicht sehen.«
»Das glaube ich nicht.«
»Ich kenne ihn von Kindheit an, er ist sehr stolz, wollte nie, dass ihn jemand schwach sieht. Selbst vor mir hat er seine Tränen bezwungen, wenn er mal schwer gestürzt war oder sich eine andere Verletzung geholt hat. Und später – eine Schwäche kam für ihn nie infrage. Selbst Ihnen gegenüber würde er sich schämen, auch wenn er Sie noch so sehr liebt.«
»Sind Sie ganz sicher?«
»Ich denke schon. Sie müssen ihm Zeit lassen. Wenn er erst einmal in Berlin ist und seine vielen Brüche behandelt werden, dann geht es mit ihm aufwärts. Und dann sehnt er sich bestimmt nach Ihnen. Dann werden Sie ihn besuchen und ihm Ihr Geheimnis anvertrauen.«

»Wie soll ich das so lange aushalten? Und wenn meine Eltern etwas bemerken?«

»Das hat noch einige Monate Zeit. Bis dahin waren sie längst bei Baron Bertram, dann können Sie gemeinsam entscheiden, wie Sie ihr gemeinsames Leben einrichten werden. Oder wollen Sie das jetzt nicht mehr?«

»O doch! Auch wenn er immer im Rollstuhl bleiben muss. Wenn erst einmal unser Kind auf der Welt sein wird ...«

Als Christina die alte Frau verließ, fühlte sie sich getröstet, zum ersten Mal seit Bertrams Absturz fasste sie wieder Mut. Sie war jetzt nicht mehr nur für sich verantwortlich.

Ihrer Mutter fiel diese Verwandlung sofort auf. Sie schob es auf den langen Spaziergang und überreichte ihr einen Brief.

Christina entledigte sich schnellstens ihrer Jacke, warf einen Blick auf den Absender und lief die Treppe empor.

Sie wollte allein in ihrem Zimmer sein, denn sie hatte sofort gesehen, das war die Schrift von Bertrams Freund. Er teilte ihr mit, dass er Bertram nach Berlin gebracht hat. Der Transport sei zwar sehr schwierig gewesen, aber der Kranke habe ihn gut überstanden. Bertram lasse sie grüßen. Er selbst werde auf Wunsch des Freundes noch einige Tage in Berlin bleiben. Sobald die Untersuchungen abgeschlossen seien, werde er sie wieder informieren.

Christina hätte gern mehr gewusst, das Schreiben war recht unpersönlich. Aber sie wollte zufrieden sein. Hauptsache, Bertram war einigermaßen wohlauf. Morgen würde sie noch einmal zu Martha Ebert gehen und ihr den Brief zeigen. Wenigstens habe ich eine Vertraute, die mich versteht, sagte sie sich. Flüchtig dachte sie an die Großmutter. Ihr könnte sie ebenfalls vertrauen. Trotzdem war sich Christina nicht sicher, wie die alte Dame jetzt reagieren würde. Sie wollte in Ruhe alles überdenken, Zeit hatte sie genug.

Der nächste Tag brachte Sonnenschein, es war eine Lust, mit Inga durch den Wald zu laufen. Christina bemerkte nicht, wie schnell die Zeit verging. Als sie nach der Uhr schaute, stellte sie fest, dass sie das Mittagessen verpassen würde, wenn sie jetzt noch bei Martha Ebert vorbeischaute. Es hat auch bis zum Nachmittag Zeit, überlegte sie und machte sich auf den Heimweg.

Wie gestern überreichte ihr die Mutter einen Brief von Karl von Baldaus. Endlich informiert er mich ausführlich, freute sich Christina.

Im Zimmer angekommen riss sie hastig den Umschlag auf. Nach den ersten Zeilen erstarrte sie. Nein, das konnte nicht wahr sein. Karl von Baldaus schrieb, Bertram habe ihm diesen Brief diktiert, da seine beiden Arme in Gips seien und er deshalb nicht schreiben könne. Seine Kopfverletzungen heilten sehr gut, Bertram sei beim Diktieren bei vollem Bewusstsein gewesen und habe seine Entscheidung gut überdacht.

Und dann kam das Entsetzliche: Bertram ließ ihr sagen, dass er sich in seiner Liebe zu ihr geirrt habe.

Es wäre eine wunderschöne Zeit gewesen, aber nun sei diese vorbei. Er wollte es anfangs nicht wahrhaben, doch jetzt wisse er sehr genau, dass sie nicht zusammenpassen. Er werde sein Leben neu einrichten, da gäbe es für eine Liebe, die vergangen ist, keinen Platz mehr. Christina solle das verstehen, sie würde bestimmt bald einen anderen Mann finden. Kalt wünschte er ihr Glück für ihr weiteres Leben.
Christina schaffte es gerade noch bis zum Bett. Dann wurde sie ohnmächtig. Sie erwachte von einem Stupser an ihrer Hand, und dann fühlte sie, wie die Hündin diese leckte.
»Wie gut, dass ich dich habe«, sagte sie leise.
Nun sah sie, dass die Tür zu ihrem Schlafzimmer offen stand, Inga war also auf die Klinke gesprungen und hatte sie selbständig geöffnet.
Christina wollte jetzt niemand sehen, sie musste es fertig bringen, die Tür wieder zu schließen. Langsam erhob sie sich, wie zwischen Wolken kam sie sich vor. Aber sie schaffte den Weg. Dann nahm sie Inga in die Arme und flüsterte ihr ganzes Leid in das Ohr des Hundes. Vielleicht bewahrte das Christina vor einem Nervenzusammenbruch. Ihre Tränen tropften stetig auf Ingas Fell, diese schien den großen Kummer zu fühlen und blieb still bei ihrer Herrin liegen.
Christina Preterborn konnte nicht glauben, dass Bertram sie nicht mehr liebte. Und doch – der Brief ließ keinen Zweifel aufkommen. Sie kam sich betrogen, beschmutzt vor. Hatte er sie schon vor dem Unfall nicht mehr geliebt? Dann war auch ihr Bei-

sammensein in seiner kleinen Wohnung eine Lüge gewesen? Und nun erwartete sie sein Kind...
Bei diesem Gedanken verkrampfte sich alles in ihr. Wie froh war sie gewesen, als Martha ihr das sagte. Was sollte nun werden? Sie wusste es nicht. Irgendwann schlief sie ein.
Frau Magdalena wunderte sich, dass die Tochter nicht zum Essen erschien, sie war doch sonst pünktlich. Dann ärgerte sie sich – bestimmt war dieser Brief an der Verspätung schuld – und klopfte an Christinas Tür. Aber nichts regte sich. Als sie ins Zimmer schaute, erblickte sie die Schlafende, den Hund im Arm. Nur dieser spitzte die Ohren, Christina schien nichts wahrzunehmen.
Langsam ging die Mutter einige Schritte näher. Dabei erblickte sie das Papier auf dem Teppich. Sie bemerkte, dass es der Brief war, den sie der Tochter übergeben hatte. Schon wollte sie ihn auf den Nachttisch legen; plötzlich besann sie sich anders.
Nachdem sie kurz zur schlafenden Tochter geschaut hatte, las sie die wenigen Zeilen. Er hatte also eingesehen, dass er als Krüppel kein Mann mehr für Christina war! Dass er die Tochter nicht mehr liebte, daran glaubte sie keinen Moment. Er hat einen anständigen Charakter, dachte sie. Christina wird es überstehen.
Sie eilte in das Speisezimmer und berichtete ihrem Mann sofort die Neuigkeit.
»Hätte ich diesem Baron gar nicht zugetraut, wo er doch jetzt eine pflegende Frau gebrauchen könnte«, meinte dieser.

»Vielleicht haben wir ihn falsch eingeschätzt«, erwiderte Frau Magdalena, »aber nun bin ich froh, dass alles so gekommen ist. Wir müssen Christina Abwechslung bieten, dann vergisst sie diese Affäre schnell.«
»Du bist wirklich eine kluge Frau. Sollen wir sie in die Berge schicken? Sie wollte doch schon immer mal in die Schweiz. Dann könntest du ihr dein Mädchenpensionat zeigen. Sie wird froh sein, dass ihr das erspart blieb.«
»Ach, geh! Es gab dort auch viel Schönes. Aber ich glaube, Christina will das Ende ihrer ersten Liebe allein verkraften, ohne meine Beaufsichtigung. Ich kenne schließlich meine Tochter, sie ist eine Träumerin. Vielleicht möchte sie wieder nach Leipzig. Mit ihrer Großmutter ist sie doch ein Herz und eine Seele.«
»Am besten, wir überlassen ihr die Entscheidung. Und kein Wort von dem Brief, Magdalena!«
»Wie werde ich! Soll ich sie nicht doch wecken?«
Damit erhob sie sich ein zweites Mal. Jetzt klopfte sie stärker, und Christina erwachte. Sie brauchte geraume Zeit, um in die Wirklichkeit zurückzufinden und sah ihre Mutter verwirrt an.
»Das ist ja etwas ganz Neues, den Mittag zu verschlafen. Vater wartet im Speisezimmer auf uns.«
»Ich mag nichts essen, ich habe Kopfweh.«
»Auch keine Suppe?«
»Nein.«
»Willst du eine Tablette?«
»Nein. Schlafen wird mir am besten helfen.«

Die Mutter bestätigte diese Auffassung und erbot sich, Inga zum Spaziergang auszuführen.

Jetzt fand Christina allerdings keinen Schlaf mehr. Sie stand auf und las noch einmal diesen unglückseligen Brief, den sie anscheinend auf den Nachttisch gelegt hatte.

Nein, so oft sie die Zeilen auch überflog, der Inhalt änderte sich keinesfalls. Im Gegenteil: Nunmehr kamen ihr die Zeilen total kaltherzig vor. Wie konnte er ihr das antun! Wenn sie die Worte nicht schwarz auf weiß hätte, sie würde es nicht glauben.

Bevor sie quälende Träume heimsuchten, beschloss Christina, sich nicht unterkriegen zu lassen. Sie musste für ihr Kind gesund bleiben.

Am nächsten Tag erschien sie pünktlich zum Frühstück. Sie bemerkte zwar nicht, wie besorgt die Eltern sie musterten, aber sie war froh über deren Schweigen.

Natürlich hätte Frau Magdalena gern gewusst, wie Christina den Brief aufgenommen hat und ob sie den Worten glaubte. Doch Eduard hatte ihr jede Frage danach strikt untersagt.

»Wenn Christina darüber sprechen will, dann soll der Impuls von ihr ausgehen«, befahl er seiner Frau.

Der Tochter kam tagelang kein Wort zu diesem Brief über die Lippen. Sie schrieb der Großmutter, Bertram von Rutenfeld wolle nichts mehr von ihr wissen und beichtete, dass sie ein Kind von ihm erwarte und nicht wisse, was sie tun soll.

Die Großmutter schickte einen tröstenden Brief; aber was sie wegen des Kindes schrieb – Christina

konnte es nicht fassen. Sie schlug dem Mädchen vor, baldigst zu ihr nach Leipzig zu kommen. Sie kenne eine Privatklinik, in der schon viele Frauen mit einem ähnlichen Schicksal die Zeit vor und nach der Geburt gut aufgehoben waren. Für die Kinder würde bestens gesorgt, sie kämen in ausgesuchte Familien, die selbst keine Kinder haben könnten. Sie fügte hinzu, Christina dürfe sich ihr Leben durch ein Kind nicht zerstören lassen. Sie könne schließlich später noch andere Kinder haben.
Christina hatte so sehr auf die Hilfe der Großmutter gesetzt, dass sie jetzt völlig ratlos war. Wie konnte die Großmutter ihr derartiges vorschlagen! Nein, von ihr hätte sie das am allerwenigsten erwartet. Sie sollte ihr Kind fremden Leuten übergeben? Niemals! Wenn ihr auch alles andere total verworren schien, dieser Entschluss stand für sie felsenfest.
Ihr blieb also nichts anderes übrig, als die Eltern von ihrem Zustand unterrichten zu müssen. Ihr graute davor; sie wollte sich für diese Aussprache gut wappnen.
Christina verschob das Gespräch mit den Eltern von Tag zu Tag. Im tiefsten Innern hoffte sie noch immer, dass Bertram seine Entscheidung bereute, dass er nicht bei Sinnen war, als er den Brief diktierte. Aber die Zeit verging, ein anderer Brief traf nicht ein.
Eines Tages – Christina war allein zu Hause und saß auf einer Bank im Garten – überkam sie plötzlich all ihr Leid. Sie überließ sich völlig ihrer Trauer und versuchte nicht, die Tränen zurückzuhalten. Ihr

gesamten Körper wurde von einem Weinkrampf geschüttelt; sie bemerkte nicht die Schritte, die sich näherten, vernahm nicht den leisen Gruß.

Erst die Worte: »Fräulein Christina, weinen Sie doch nicht«, ließen sie innehalten.

Vor ihr stand Johannes Notz, sichtlich betreten. Aber sein Blick drückte Mitgefühl, Verständnis aus. Das Mädchen wollte sich zusammenreißen, aber die Tränen flossen umso heftiger.

Der Rechtsanwalt setzte sich neben sie und reichte ihr sein frisches Taschentuch.

»Auch wenn Sie noch so traurig sind, irgendwann wird es vergehen«, sagte er.

»Das vergeht nie«, stammelte sie unter erneutem Schluchzen.

»Sie haben ja keine Ahnung, wie entsetzlich alles ist.«

»Aber ich kann schweigen, wollen Sie mir Ihren Kummer nicht anvertrauen?«

Als sie nichts sagte, fragte er: »Hängt es mit diesem verunglückten Testflieger zusammen?«

»Sie wissen?«

»Ich kann es mir denken.«

»Nichts können Sie sich denken«, entfuhr es ihr leise.

Sie versuchte, die Tränen zu bezwingen, aber es half nicht.

»Er will nichts mehr mit mir zu tun haben.«

»Sind Sie da ganz sicher?«

»Ja.«

Und dann sprach sie wie unter Zwang von dem Brief,

von ihrem Vertrauen zu Baron Bertram und wie enttäuscht sie jetzt war.
Johannes Notz unterbrach sie mit keinem Wort. Er hatte nicht die geringste Ahnung gehabt, wie tief die Gefühle des Mädchens für diesen Rutenfeld waren! Und damals hoffte er so sehr...
Als sie schwieg und mit glanzlosen Augen in die Ferne schaute, wusste er nicht, wie er sie trösten könnte. Dann sagte er die banalen Worte, die er am liebsten sofort zurückgenommen hätte: »Die Zeit heilt alle Wunden.«
»Bei mir werden sie bleiben. Ich habe Ihnen noch nicht alles gesagt: Ich erwarte ein Kind.«
Er schaute sie fassungslos an.
»Wir wollten heiraten«, sagte sie mit ausdrucksloser Stimme. »Jetzt weiß ich nicht mehr, was ich tun soll.«
»Haben Sie es ihm mitgeteilt?«
»Nein. Er soll es nie erfahren.«
»Und wie stehen Ihre Eltern dazu?«
»Sie wissen es nicht. Sie würden mich zwingen, das Kind fremden Leuten zu geben – wie meine Großmutter auch.«
»Ist sie die einzige, die davon weiß?«
»Ja.«
»Ich kann verstehen, dass Sie verzweifelt sind. Trotzdem sollten Sie sich auf das Kind freuen.«
»Das ist sehr schwer.«
»Schwer schon, aber es ist kein Weltuntergang. Ich wäre froh, wenn ich ein Kind hätte...«
»Sie wollen mich nur trösten...«

»Das auch. Aber ich habe meine Worte sehr ernst gemeint. Schauen Sie, Christina, ich bin längst in dem Alter, wo man eine Familie gründet. Aber ich kann mir nur Sie an meiner Seite vorstellen ... Bitte, sagen Sie nichts! Ich liebe Sie vom ersten Tag an, als ich Sie bei Ihren Eltern sah. Ich wollte behutsam vorgehen, denn Sie waren noch so jung. Ihre Eltern haben meine Gefühle bemerkt und mir zu verstehen gegeben, dass sie keine Einwände gegen eine Verbindung zwischen uns hätten. Ihre Zurückhaltung mir gegenüber habe ich lange Zeit falsch eingeschätzt. Erst in der letzten Zeit habe ich begriffen, dass Ihre Liebe einem anderen gehört ... «

Nach einigem Zögern fuhr er fort: »Wenn Sie ganz sicher sind, dass es zu diesem anderen kein Zurück mehr gibt, dann sagen Sie es mir. Nicht jetzt und nicht hier. Das braucht seine Zeit. Aber es wäre gut, wenn das Kind einen Vater hätte. Ich würde es wie mein eigenes lieben, das können Sie mir glauben. Und wenn Sie mich nicht lieben können – eine Ehe auf der Basis einer guten Freundschaft, das genügt mir.«

Christina wollte nicht glauben, was sie da vernommen hatte. Er bat sie, seine Frau zu werden. Und das in ihrem Zustand! Flüchtig kam ihr der Gedanke, dies könnte ein Ausweg sein. Aber es wäre Betrug, sie konnte ihre Liebe zu Bertram nicht aus dem Herzen reißen. Sie wollte ihm danken und sagen, dass sie unmöglich auf seinen Vorschlag eingehen könnte.

Aber Johannes Notz hatte sich schon erhoben.

»Bitte, denken Sie in aller Ruhe nach, Christina. Wenn Sie dann einen Entschluss gefasst haben, dann sagen Sie es mir.«
Damit entfernte er sich schnellen Schrittes.
Sie saß wie erstarrt. Das eben Gehörte musste ein Traum sein. Oder war sein Angebot tatsächlich Wirklichkeit? War hier die Hilfe, die sie bei allen anderen vermisste?
Christina wurde plötzlich klar, dass sie eine Entscheidung treffen musste. Aber sie war dessen nicht fähig.
An jedem Morgen nahm sie sich vor, mit den Eltern zu sprechen. Doch sie ließ den Tag vergehen, nachts lag sie wieder grübelnd im Bett wie die Nächte zuvor. So konnte es nicht weitergehen. Doch vorher wollte sie Johannes Notz mitteilen, dass sie sein Angebot unmöglich annehmen könne.
Hin und wieder überlegte sie sogar, wie sich ein Zusammenleben mit dem Rechtsanwalt gestalten würde. Dem Kind ginge es bei ihm bestimmt gut, es hätte eine Familie und eine glückliche Kindheit. Aber sie selbst? Wie sollte sie das ertragen? Und würde sie ihn nicht unglücklich machen, wenn die Zeit verginge und sie ihn nie lieben könnte?
Völlig klar wurde ihr allerdings, dass Bertrams Brief ernst gemeint war. Wenn es nicht so wäre, hätte er von sich hören lassen. Inzwischen kannte sie nicht einmal seine Anschrift, hielt er sich noch in der Charité auf oder war er wieder in einer anderen Klinik? Hätte sie an Karl von Baldaus schreiben sollen? Oder hier in Matzinnendorf seinen Bruder aufsuchen?

Nein, sie hatte ihren Stolz – und was sollte sie diese auch fragen! Ihnen einen Brief für Bertram übergeben? Ja, wenn er wüsste, dass sie ein Kind bekommt, dann würde er sie vielleicht heiraten. Und die Eltern stimmten wegen der Schande eines unehelichen Kindes zu. Aber sie müsste eine Ehe aushalten, in der sie von ihrem Mann nicht geliebt wird. Das wäre zu schrecklich.
Als sie der Vater eines Tages fragte, ob sie Lust hätte, mit ihm in die Stadt zu fahren, sagte sie zu. Natürlich interessierte sie die soeben eingetroffene neue Kollektion des Kaufhauses nicht. Fast musste sie lächeln, als sie sich vorstellte, mit ihrem dicker werdenden Bauch in eines dieser hauchzarten Kleider zu schlüpfen.
Eduard Preterborn bemerkte das Desinteresse seiner Tochter nicht, er war froh, dass sie ihn begleitete. Allerdings hatte er noch eine Konferenz mit seinen leitenden Angestellten. Er schlug ihr vor, inzwischen etwas bummeln zu gehen. Christina war es recht.
Unterwegs fasste sie einen Entschluss: Sie wollte endlich mit Johannes Notz sprechen! Als sie am Postamt vorbeikam, ging sie schnell in eine der Telefonkabinen und wählte seine Nummer. Er war selbst am Apparat, seiner Sekretärin hätte sie ihren Wunsch nicht anvertraut.
»Ich komme«, sagte er sofort.
Christina suchte in einer nahegelegenen Konditorei einen Tisch für zwei Personen aus, der am hinteren Fenster stand. Sie hatte ihre Bestellung noch nicht aufgegeben, als der Rechtsanwalt erschien.

»Wir nehmen Kaffee und zwei große Stücke von der herrlichen Eierschecke«, sagte er der Bedienung.
Wie aufmerksam, dachte Christina, er weiß noch, dass dies mein Lieblingskuchen ist. Aber jetzt hatte sie keinen Appetit. Doch sie wies den Kuchen nicht zurück.
Sie wechselten anfangs einige belanglose Worte. Wenn er sich doch endlich nach meiner Entscheidung erkundigen würde, wünschte sich Christina. Aber er ging darauf überhaupt nicht ein. Sie ahnte nicht, wie nervös und unsicher er war.
Dann sah er sie lange an; es war eine so tiefe Liebe in seinem Blick, dass ihr die wohlüberlegte Absage nicht über die Lippen kam. Statt dessen hörte sie die Person, die sie selbst war, wie von weither sagen: »Wenn Sie mich noch immer heiraten wollen – dann nehme ich an.«
Johannes Notz schaute sie an, als könne er sein Glück nicht begreifen.
Dann ging ein Leuchten über sein Gesicht: »Ich freue mich so sehr; Sie sollen es nie bereuen.«

Eduard Preterborn war wie vom Donner gerührt, als seine Tochter mit Johannes Notz in seinem Büro erschien und verkündete: »Wir haben uns soeben verlobt, Papa.«
Er schloss seinen zukünftigen Schwiegersohn so fest in die Arme, als hätte er Angst, er entwische ihm. Dann rief er Magdalena an und bestellte ein abendliches Verlobungsmenü.
Seine Frau wies ihn streng darauf hin, dass man mit so etwas nicht scherze.
Als sie endlich begriffen hatte, sandte sie einen Stoßseufzer zum Himmel: »Endlich!«
Sie war so durcheinander, dass sie der Köchin die unmöglichsten Vorschläge machte und beim Eintreffen der Drei die Vorbereitungen noch in vollem Gange waren.
»Das macht nichts«, meinte ihr Mann leutselig, »ab heute wird sowieso alles anders. Trinken wir erst einmal gemeinsam einen Schluck Wein vom besten auf das Brautpaar.«
Die Gläser klangen hell aneinander, Eduard Preterborn konnte sich eine Rede nicht versagen. Christina wäre ihm am liebsten ins Wort gefallen. Aber der Vater war nicht zu bremsen, lobte den künftigen Schwiegersohn in den höchsten Tönen und brachte seine Genugtuung zum Ausdruck, dass nun alles so gekommen sei, wie er es vorausgesehen hätte.
Auch dem Rechtsanwalt war das peinlich, er drückte sanft Christinas Hand und sagte zum noch größeren Erstaunen der Preterborns, sie hätten beschlossen, noch in diesem Monat zu heiraten.

»Aber wie soll ich alles so plötzlich organisieren?«, fragte Frau Magdalena entgeistert.
»Es soll doch eine unvergessliche Hochzeit werden. So schnell sind keine Einladungen gedruckt, die Gäste müssen sich außerdem vorbereiten, die Kleider anfertigen lassen...«
»Bitte, Mama«, sagte jetzt Christina, »wir möchten keine große Hochzeit und nur eine kleine Feier mit euch und einigen Freunden.«
Ihrer Mutter verschlug es die Sprache, und auch Eduard Preterborn schaute ratlos in die Runde.
Dann erklärte Johannes Notz, er habe lange genug auf Christina gewartet.
Außerdem möchte er recht bald die Hochzeitsreise antreten. Später wäre dann das Rittergut einzugsbereit, da könnten sie nicht mehr verreisen.
»Und deine Klienten, kannst du deine Termine so Hals über Kopf verschieben?«, fragte Eduard Preterborn.
Auch das hatte sich der Rechtsanwalt längst überlegt: »Natürlich, zur Zeit geht das sehr gut, das Gericht ist überlastet.«
Frau Magdalena wollte trotzdem nicht klein beigeben, aber ihr Mann warf ihr einen strafenden Blick zu. Sie soll froh sein, dachte er, dass die beiden heiraten.
Die Trauung fand, wie vereinbart, nur im engsten Kreise statt. Auch zur Kirche, die auf einem kleinen Hügel inmitten von Matzinnendorf thronte und deren hoher grauer Sandsteinturm weit ins Land ragte, kamen nur wenige Leute. Christina erlebte

die Trauung wie etwas Unwirkliches, sie sagte automatisch ihr Ja, ließ sich von ihrem angetrauten Ehemann den obligatorischen Kuss geben und kämpfte tapfer mit den Tränen.
Im Dorf kreisten die verschiedensten Gerüchte um diese Hochzeit. Im Sommer hatte immer mal einer der Bewohner die jetzige Braut mit dem jüngsten Baron Rutenfeld beim Spaziergang gesehen. Aber der sei ja nun arm und außerdem ein Krüppel, und die Preterborn Tochter wolle ja unbedingt in das Rittergut ziehen. Vielleicht hat es der Bräutigam nur ihretwegen erworben.
Auch Martha machte sich so ihre Gedanken, sie konnte sich Christinas Verrat nicht erklären. Außerdem rätselte sie darüber, wie die junge Frau ihrem Ehemann die Schwangerschaft erklären würde. Nein, sie hatte sich mit ihrer Feststellung nicht getäuscht, aber nie würde darüber ein Wort über ihre Lippen kommen. Das war allein die Angelegenheit der Christina Preterborn. Sie scheint Martha vergessen zu haben; oder plagt sie ein schlechtes Gewissen? Wie dem auch sei, sie sagte nichts zu all den Vermutungen, die auch ihr zu Ohren kamen.
Und noch einer grübelte sehr über den Grund dieser Hochzeit: Wolfram von Rutenfeld. Er hatte seinen Bruder als Rivalen seiner geheimsten Wünsche betrachtet und dessen Verbindung zu Christina Preterborn schließlich akzeptiert. Und nun? Dieser Herr Notz konnte doch nicht von heute auf morgen ihr Herz erobert haben!
Hatte sie ein Doppelspiel getrieben? War ihr der

Bruder im Rollstuhl nicht mehr gut genug? Oder folgte sie einem Zwang, der von ihren Eltern ausging? Baron Wolfram hätte darauf gern eine Antwort gewusst, zumal ihm klar wurde, dass er selbst seine Chance vertan hatte. Oder hätte er sowieso nie eine Aussicht gehabt, sie für sich zu gewinnen?
Schließlich sagte er sich – er wollte seine Herzensruhe wiederfinden – , dass es wohl der Reichtum dieses Anwaltes war, der den letzten Ausschlag für ihre Entscheidung gab. Aber dass sie den Bruder in seinem Elend sitzen ließ und so ganz plötzlich mit diesem neureichen Herrn zum Traualtar schritt, er begriff es nicht. Sie hat kein gutes Herz, sann er immer wieder. Und trotzdem konnte er nicht so recht daran glauben.
Dann wurde ihm bewusst, dass er bald mit ihr so gut wie unter einem Dach leben müsste. Er konnte sich schließlich nicht in seinem Verwalterhaus verkriechen, würde ihr täglich begegnen. Schon jetzt zehrten die Vorbereitungen für den Einzug der jungen Frau mehr an ihm als er sich eingestehen wollte. Und plötzlich wurde ihm klar, er musste das Rittergut und Matzinnendorf verlassen. Er konnte nicht als Angestellter dieser Frau leben. Und auch so war es besser, er wollte nichts mehr mit dem Rittergut seiner Eltern und Urahnen zu tun haben.
Während die Frischvermählten auf der Hochzeitsreise weilten, suchte er sich eine neue Tätigkeit, so weit weg von hier wie möglich. Er nahm das erste Angebot an, das ihm geeignet erschien. Es war ein Verwalterposten auf einem riesigen Gut in der Lüne-

burger Heide. Man wollte sich auf Pferdezucht umstellen; das sagte ihm zu. Er bemühte sich um einen Nachfolger, den er dann dem Rechtsanwalt empfahl, als er seine Kündigung schriftlich an die ihm bekannte Adresse des Aufenthalts des jungen Ehepaares in der Schweiz schickte.

Johannes Notz war sehr betreten, als er den Brief des Barons erhielt. Hatte das etwas mit seiner Ehe zu tun? Aber Wolfram von Rutenfeld wusste doch bestimmt von der von seinem Bruder gewünschten Trennung. Wie dem auch sei, vielleicht war dieser Schritt sogar das Beste, was ihm und Christina passieren konnte. Es würde also nie einen Besuch von Baron Bertram bei seinem Bruder in Matzinnendorf geben.

Anfangs wollte er Christina davon unterrichten, doch dann verschob er dieses Thema. Es würde ihr nur trübe Gedanken bringen. Er war froh, dass sie sich hier in den Bergen wohl fühlte. Sie lebten sehr abgeschieden in einem kleinen Hotel, das vorwiegend auf seine Stammgäste eingestellt war. Man kannte sich, nahm das junge Paar jedoch ohne Neugier in seinen Kreis auf. Keiner wunderte sich über die Schwangerschaft der jungen Frau; man stand ihr mit guten Ratschlägen bei.

Christina war ihrem Mann dankbar. Er umsorgte sie, regelte alles, was mit der bevorstehenden Geburt zusammenhing.

Johannes hatte ihr vorgeschlagen, das Kind in der Schweiz in einer Klinik zur Welt zu bringen und dann einige Zeit dort zu bleiben. In einem Gespräch mit dem Chefarzt wurde alles Wichtige geklärt, und sie konnten vorerst nach Hause zurückkehren. Zum Glück sah man an Christinas Umfang nicht, dass sie schon in wenigen Monaten niederkommen würde. Sie war trotzdem unruhig, am meisten fürchtete sie eine Begegnung mit Martha.

Johannes beschwichtigte sie: »Du wirst jetzt sehr viel zu Hause zu tun haben. Unser neues Heim soll doch deine Handschrift tragen. Bestimmt gefällt dir nicht alles, was ich mir mit Hilfe des Innenarchitekten einfallen ließ.«

Christina dachte mit Unbehagen an diese Rückkehr. Dort hatte einmal Bertram seine Kindheit verbracht. Nun würde sein Sohn oder seine Tochter im Rittergut aufwachsen. Vielleicht hat das Schicksal es so gewollt, sagte sie sich.

Sie konnte die Heimreise nicht länger aufschieben, sie wusste, Johannes musste unbedingt in seine Kanzlei zurück. Als Frau Notz wollte sie versuchen, sich im Rittergut nützlich zu machen. Das Kinderzimmer würde sie ganz nach ihren Vorstellungen einrichten. Sollte sie wirklich in der Schweiz entbinden?

Johannes hatte ihr das sehr ans Herz gelegt.

»Damit gehst du allen Fragen aus dem Weg«, meinte er. »Wenn du ein kräftiges Baby zur Welt bringst, wird es auch deiner Mutter auffallen, dass es unmöglich eine Frühgeburt sein kann.«

Johannes hatte ja so Recht. Sie wollte mit niemand über Bertrams Kind sprechen, auch nicht mit der Mutter. Trotzdem plagten sie Zweifel. Musste sie ein

Leben lang schweigen, auch dem Kind gegenüber? Sie wagte nicht, Johannes diese Frage zu stellen.
Die ersten Tage nach ihrer Heimkehr wohnte das Ehepaar Notz bei Christinas Eltern. Sie ließen es nicht zu, dass Johannes in seine Junggesellenwohnung in der Stadt zurückkehrte, und für beide war sie nicht bequem genug. Im Rittergut gab es noch einiges zu tun, bis sie einziehen konnten.
Johannes fuhr morgens mit seinem Auto in die Stadt und kehrte oft sehr spät am Abend zurück. Es galt, vieles Liegengebliebene aufzuarbeiten. Außerdem wollte er seine Wohnung aufgeben und nur wenige Gegenstände davon behalten. Der Einzug im Rittergut sollte für ihn und Christina ein völliger Neubeginn werden. Er freute sich darauf, die Schatten der Vergangenheit würden weichen, zumal man Baron Wolfram nicht mehr begegnen konnte. Und wenn erst das Kind hier war ... Er hoffte inständig, Christinas Fröhlichkeit kehre damit zurück.
Bald beschwerte sich seine Schwiegermutter, dass er so wenig Zeit habe.
»Johannes, du vernachlässigst deine Frau. Das ist nicht gut in ihrem Zustand.«
»Ich weiß, Schwiegermama, das wird sich bald ändern. In der übernächsten Woche beginnen wir mit dem Umzug ins Rittergut.«
»Das habe ich eigentlich nicht gemeint. Ich habe das Gefühl, Christina fühlt sich ein bisschen einsam nach der Hochzeitsreise. Ihr fehlt deine Gesellschaft.«
»Wenn das so ist – ich werde mich bessern.«

Johannes wünschte sich sehr, Christina möge ihn vermissen. Aber sicher war er sich nicht. Natürlich freute sie sich, wenn er am Abend zurückkehrte, doch ihrerseits war der Empfang eine gleichbleibende Freundlichkeit, nie ein spontaner Gefühlsausbruch. Manchmal überlegte er, wie sie mit Bertram Rutenfeld umgegangen sei. Dann verabscheute er sich ob dieser Gedanken und nahm sich fest vor, sich weiterhin in Geduld zu üben.

Christina hatte inzwischen erfahren, dass anstelle von Baron Wolfram ein neuer Verwalter auf dem Rittergut wirkte. Damit fiel eine Last von ihr, denn vor der Begegnung mit ihm hatte sie sich ebenfalls gefürchtet. Nun stieg die Hoffnung, hier im Rittergut etwas Ruhe zu finden.

Johannes hatte so viel verändern lassen, dass nicht mehr zu erkennen war, welche Zimmer Bertram als Kind bewohnte, und sie selbst hatte ihn nie danach gefragt. Sie nahm auch in Kauf, dass ihr die Hausangestellten und die Gutsarbeiter skeptisch begegneten. Sie hängen noch an den Rutenfelds, sagte sie sich, und fand das völlig normal. Irgendwann werden sie sich an Johannes und mich gewöhnen ...

Nach dem Einzug ging sie selten zu ihren Eltern. Sie wollte keine Fragen beantworten. Außerdem kam Johannes jetzt früher aus seiner Kanzlei. Sie hatte keine Ahnung, dass er sich mit einem ehemaligen Studienfreund zusammengetan hatte, um mehr Zeit für sie zu haben.

Dann kam der Tag der Abreise in die Schweiz heran. Johannes erklärte seinen Schwiegereltern, Christina brauche eine weitere Luftveränderung, die Schwangerschaft mache ihr sehr zu schaffen. In den Bergen sei es ihr sehr viel besser gegangen. Frau Magdalena setzte alles daran, um beide zu begleiten. Aber Johannes war zu keinem Kompromiss bereit, was seine Schwiegermutter recht ungehörig fand. Zu gern hätte sie diese Reise mit einigen Besuchen bei ihren dortigen Freundinnen verbunden. Erst als ihr Mann ein Machtwort sprach und ihr klarmachte, wie gut es für das junge Paar sei, diesen Aufenthalt allein zu verbringen, gab sie nach.

Johannes blieb nur einige Tage in dem idyllischen Ort, er wusste Christina in bester Obhut.

Sie vereinbarten, dass er nach der Geburt zurückkomme. Dann würden sie entscheiden, wie lange sich Christina noch hier aufhalten sollte.

Die junge Frau Notz war keine aufwendige Patientin. Meist stand sie frühzeitig auf, machte noch vor dem Frühstück einen Spaziergang durch den Park und schloss sich später zwei anderen Frauen an, die ebenfalls ihr erstes Kind erwarteten.

Über ihren Zusammenkünften schwebte eine Art Melancholie, die sie verband. Sie vermieden, über ihre Ehen zu erzählen und verstanden sich auch ohne Worte.

Christina entband zuerst: Es war ein Mädchen und es erschien ihr, das Kind sei Bertram wie aus dem Gesicht geschnitten. Erst am nächsten Tag bat sie eine der Krankenschwestern, das mit Johannes vereinbarte Telegramm abzuschicken. Sie hatte zuvor erklärt, ihr Mann arbeite an einem sehr komplizier-

ten Fall, er müsse das unbedingt zu Ende bringen.
Das leuchtete allen ein, auch ihren neuen Freundinnen, zumal diese jetzt die Geburt ihrer Söhne ebenfalls hinter sich hatten.
Christina überlegte lange, wie sie die Tochter nennen würde. Dann entschied sie sich für Antonia. Johannes gefiel dieser Name.
Die Eltern waren enttäuscht, dass die Tochter noch in der Klinik bleiben musste und machten sich große Sorgen. Ihr Schwiegersohn konnte sie kaum beruhigen, sie drängten ihn zur sofortigen Abreise. Dieses Mal ließ sich Frau Magdalena auf keine Diskussion ein, sie wollte zu Tochter und zur Enkelin. Johannes konnte das verstehen, es gelang ihm jedoch, allein aufzubrechen, die Preterborns wollten in einigen Tagen nachkommen.
Er freute sich auf seine Frau und das Kind, er war von Liebe erfüllt für beide. In Gedanken sah er die kleine Antonia umgeben von weiteren Geschwistern.
Christina erschien ihm durch die Mutterschaft gereifter, das kleine Mädchen schloss er sofort in sein Herz. Er suchte nach keiner Ähnlichkeit, er staunte über die kleinen Händchen und den winzigen dunklen Flaum auf dem Köpfchen. Seine Frau fühlte seine Rührung, sie war ihm dankbar und wusste die neue Erdenbürgerin in seinen Armen wohl behütet.
Während die Kleine in der Obhut der Kinderschwester war, unternahm Christina mit ihrem Mann die ersten Schritte nach der Geburt. Sie fühlte sich noch schwach und stützte sich schwer auf seinen Arm. Er

war glücklich und entdeckte eine neue Verbundenheit zwischen ihnen.
Schonend brachte er ihr den bevorstehenden Besuch der Eltern bei. Sie hatte das vorausgesehen, blieb aber gelassen.
Sowohl Magdalena als auch Eduard Preterborn waren begeistert von ihrer kräftigen Enkelin, kein Gedanke kam ihnen, dass mit dem Geburtstermin etwas nicht stimmte. Im Gegenteil, sie waren jetzt überzeugt davon, ihr Schwiegersohn hatte mit der Wahl dieser Klinik den besten Griff getan.
»Wir bleiben hier, bis Christina und das Baby reisefähig sind«, erklärte Eduard Preterborn am nächsten Tag.
»Das habe ich geahnt«, entgegnete die Tochter. »Ich denke, in drei bis vier Tagen können wir aufbrechen.«
Sie lächelte ihrem Mann zu, der sich darüber sehr freute.
Die kleine Antonia überstand die lange Reise problemlos, auch Christina fühlte sich gut. Nun war das Schlimmste überstanden, Johannes könnte immer auf ihren Dank zählen.

Während die Familie Notz das Rittergut zu neuem Leben erweckte, erwartete man auf dem Pferdehof in der Lüneburger Heide Besuch. Baron Bertram durfte zum ersten Mal die Klinik verlassen. Bevor er ein Sanatorium in Karlsbad aufzusuchen gedachte, wollte er einige Tage bei Wolfram verbringen. Dieser hatte ihn eingeladen, und Bertram nahm an.

Während seines Krankenlagers grübelte er oft darüber nach, wieso es zwischen den Brüdern zu einer derartigen Entfremdung gekommen war. Jetzt suchte er die Schuld nicht nur bei Wolfram, er wollte versuchen, ihm wieder so nahe zu kommen wie in der frühen Kindheit. Allerdings fürchtete er sich davor, ihm zu große Umstände zu machen. Er saß im Rollstuhl und war auf die Hilfe anderer Menschen angewiesen.

Wolfram teilte ihm in seinem letzten Brief mit, es gäbe keine Probleme. Der Pferdehof wimmele von Bediensteten, die in keiner Weise ausgelastet seien. Der Besitzer plane eine weitere Vergrößerung und wolle demnach niemand entlassen. Überhaupt könne er sich keinen besseren Chef denken, denn der weile mit seiner Familie meist in der Stadt und überlasse ihm alle Entscheidungen.

Außerdem teilte Wolfram ihm mit, dass er die Absicht hege, sich bald mit der jüngsten Tochter seines Brotherrn zu verloben. Sie sei mit ihrer Schwester bei Verwandten in Italien und komme bald zurück. Er solle also mit einer Feier rechnen und seinen besten Anzug einpacken.

Als Bertram diesen Brief gelesen hatte, freute er

sich. Sein Bruder bewies plötzlich Courage und Humor. Die Einladung rief in ihm kein Selbstmitleid hervor, obwohl im gleichen Augenblick ein lächelndes Gesicht vor seinen Augen entstand. Nein, das war aus und vorbei, er durfte der Vergangenheit und damit Christina nicht nachtrauern.

Der Brief an sie hatte sein Herzblut gekostet. Mehrmals musste sein Feund das Diktierte vernichten, es erschien ihm nicht konsequent genug. Schließlich entschied er sich für die Lüge, dass er sie nicht mehr liebe. Das musste sein, Christina sollte sich nicht an einen Krüppel binden. Sie würde es verwinden.

Nächtelang – als er keinen Schlaf fand und die Schmerzen überhand nahmen – sann er darüber nach, ob er richtig gehandelt habe. Wie er sich auch quälte, es war der einzige Weg, um Christina vor ihm zu retten. Dann allerdings, als er erstmals seinen rechten Arm wieder gebrauchen konnte und er sich auch seelisch besser fühlte, zerrieben ihn erneut die Zweifel.

Vielleicht könnte er mit ihrer Hilfe eines Tages sogar wieder laufen. Aber die Ärzte machten alle Hoffnung zunichte. Besserung, ja, das könnten sie garantieren. Es grenze an ein Wunder, dass er überlebt habe, aber der Rollstuhl würde für immer sein getreuer Begleiter sein.

Er musste sich fügen, ob er wollte oder nicht. Aber manchmal geriet er in Zorn und fragte sich, warum ausgerechnet ihm das passiert war. Er hatte alle Bestimmungen der Sicherheit eingehalten, das Flugzeug hielt sich anfangs sehr gut in der Luft. Als er die

ungewöhnlichen Geräusche hörte, hätte er vielleicht sofort zurückkehren sollen. Aber von dem Flug hing so vieles ab, der Test musste erfolgreich sein. War es sein Ehrgeiz, der ihn fast in den Tod getrieben hätte? Oder die Aussicht auf eine baldige Heirat?
Immer wieder trieben seine Gedanken auf Christina zu. Hoffte er darauf, sie wiederzusehen?
Er wusste, er hatte sie tief gekränkt, sie kannte nicht einmal die Anschrift seiner neuen Klinik. Und doch wünschte er, sie würde danach forschen. Aber die Zeit verging, er hörte nichts von ihr. Tausend Mal sagte er sich, das sei völlig in Ordnung, und Tausend Mal verfluchte er seine Lage und den unseligen Brief.
Dann schrieb sein Bruder, von einem Schulfreund aus Matzinnendorf, mit dem er wegen der Pferdezucht korrespondiere, habe er erfahren, dass der neue Besitzer des Rittergutes geheiratet hat, und zwar die Tochter der Preterborns. Bertram kam sich vor, als hätte er einen Hieb in Körper und Seele bekommen. So schnell also war sie getröstet und nahm ausgerechnet jenen Rechtsanwalt, über den sie sich ihm gegenüber lustig gemacht hatte. Was mochte sie dazu getrieben haben? Liebe? Sicher nicht; das fühlte er. Berechnung? Nein. Enttäuschung? Das vielleicht. Oder Verzweiflung, eine jener Art, bei der jeglicher Verstand aussetzt und einem alles egal ist? Er kannte das, kannte das sehr gut. Aber Christina?
Nein, sie war stark, sie wusste genau, was sie wollte. Blieb also nur das Eine übrig: Sie hat seine angeblich erloschene Liebe akzeptiert. Ja. Aber das tat weh,

furchtbar weh – mehr als die körperlichen Schmerzen.
Er bekam einen Rückfall, das Fieber stellte sich wieder ein. Die Ärzte waren ratlos. Dann plötzlich, von einem Tag zum anderen, ging es ihm besser. Er hatte sich geschworen, sich nicht aufzugeben. Sein Wille hatte schon manche aussichtslose Situation gemeistert. Er wollte leben, so gut es ging. Und er beschloss, jede Möglichkeit zu nutzen, um wieder beweglicher zu werden. Er ließ sich Bücher über alte und neue Heilmethoden ins Krankenhaus bringen, las sie aufmerksam und fing bald an, über seine Behandlung zu nörgeln.
Ein junger Assistenzarzt riet ihm, eine Kur in Karlsbad zu versuchen.
»Schaden kann es nicht, Baron«, sagte er leise. »Aber ich habe von unglaublichen Erfolgen gehört, auch wenn mein Chef nichts davon wissen will.«
Seit diesem Tag waren die beiden Verbündete. Bertram erhielt von ihm einen Stapel Zeitschriften, die der junge Arzt gesammelt hatte.
»Bitte, erzählen Sie niemand, von wem Sie diese haben.«
»Wie werde ich!«, entgegnete Bertram, froh über die neue Lektüre und zugleich ein wenig Hoffnung schöpfend.
Schließlich verrannte er sich regelrecht in den Gedanken, eine Kur in Karlsbad werde ihn wieder auf die Beine bringen. Aber darüber sprach er nur mit diesem Arzt, der ihm Mut zusprach und ihn darin bestärkte, jeden Strohhalm zu ergreifen.

»Es könnte auch mal ein dicker Ast dabei sein, an dem Sie sich hochangeln können.«
Diese Art gefiel Bertram.
»Ich werde den Ast nicht vergessen«, sagte er beim Abschied. »Aber zuerst will ich noch meinen Bruder besuchen und seiner Braut meine Aufwartung machen.«
Auch Baron Wolfram hatte die Nachricht von der Hochzeit der Christina Preterborn aus der Fassung gebracht. Nun, ihm war es gelungen, die vertrackten Gefühle für dieses Mädchen zu bezwingen. Aber wie würde der Bruder reagieren? Wolfram hatte keine Ahnung von dessen Abschiedsbrief und glaubte, Christina wolle nichts mit einem behinderten Mann zu tun haben. Er brauchte einige Tage, um damit fertig zu werden. Seine unerwiderte Liebe verwandelte sich dabei fast in Hass.
Plötzlich mit diesem Gefühl konfrontiert beschloss Baron Wolfram, dem Bruder von der Heirat zu schreiben. Besser, er erfährt es von mir, als irgendwann einmal durch einen Zufall, überlegte er. Dann kam ihm der Gedanke, ihn in die Lüneburger Heide einzuladen. Die Weite des Landes würde ihm gut tun, er sollte die Klinik endlich hinter sich lassen. Außerdem stand die nunmehrige Frau Notz nicht mehr zwischen ihnen. Er war ernstlich gewillt, das Verhältnis zu seinem Bruder zu verbessern.
Als er mit Dr. Fritz Nolding, dem Besitzer des Gestüts, über einen Aufenthalt des Bruders sprach, erklärte sich dieser sofort einverstanden.
»Ihr Bruder kann solange hier bleiben wie er möch-

te, Platz haben wir genug. Außerdem wird unsere Frau Lene froh sein, wenn sie wieder jemand bemuttern kann. Meine Töchter sind ja längst den Kinderschuhen entwachsen, aber Lene will das nicht einsehen«, lachte er.

Lene Murza war von der Idee des Verwalters begeistert: »Warum haben Sie Ihren Bruder nicht längst hierher bringen lassen?«, fragte sie und erkundigte sich ausführlich über dessen Gesundheitszustand.

Baron Wolfram konnte sich auf sie verlassen, Bertram wäre in den besten Händen. Lene begann sofort mit den Vorbereitungen: Ein ungenutzter Raum im Erdgeschoss des Verwalterhauses wurde als Gästezimmer hergerichtet. Von hier führte eine breite Tür zur Terrasse, durch die ein Rollstuhl problemlos fahren könnte.

»Bei Sonnenschein kann Ihr Bruder sogar allein hier herausfahren«, freute sie sich. »Außerdem wird mein Mann feste Bretter über die Stufen des Hauseinganges legen. Dann gelingt es ihm mühelos, den kranken Baron in den Gutshof zu schieben. Das bietet wenigstens etwas Abwechslung. Frische Luft und gute Kost werden ein Übriges tun.«

Lene Murza hatte sich nicht getäuscht. Schon einige Tage nach der Ankunft wich die Blässe seines Gesichtes, die von dem langen Krankenhausaufenthalt herrührte.

Bertram genoss die frische Luft sowie die von Herzen kommende Fürsorge Lenes und ihres Mannes. Auch mit Wolfram gab es keine Diskrepanzen. Er hatte sich völlig in sein neues Aufgabengebiet eingearbeitet, und Bertram staunte über dessen Fachkenntnis. Allerdings verursachte ihn der Anblick der herrlichen Pferde jedes Mal einen Stich im Herzen. Nie wieder würde er auf einem Pferderücken sitzen! Er unterdrückte diese Trauer und zwang sich, Wolframs Ausführungen über die Tiere mit Geduld zuzuhören.

Sein liebstes Plätzchen war die Terrasse. Hier schien von morgens bis zum frühen Nachmittag die Sonne, und er war auf keine Hilfe angewiesen.

Dann schallte eines Tages helles Gelächter aus dem Gutshaus zu ihm herüber: Dr. Fritz Nolding war mit seiner Frau und den Töchtern Verena und Veronica angekommen. Bertram war gespannt, welchen Eindruck die jüngere Tochter auf ihn machen würde. Hoffentlich wird er sich gut mit ihr verstehen. Er sah den Bruder zum Gutshaus eilen, und plötzlich kam eine unerwartete Ruhe über ihn. Wolfram würde Veronica heiraten und mit ihr Kinder haben. Die Rutenfelds würden nicht aussterben.

Ein solches Glück hatte er sich auch gewünscht. Aber er wollte nicht zurückdenken. Sobald ich einigermaßen zu Kräften gekommen bin, nahm er sich vor, fahre ich nach Karlsbad.

Das sollte allerdings einige Zeit dauern. Nicht, dass er sich nicht stärker und besser gefühlt hätte – Ursache waren die beiden Schwestern.

»Es kommt überhaupt nicht in Frage, dass Sie uns so schnell verlassen«, hatte Veronica erklärt, als sie von seinen Absichten erfuhr.

»Endlich kann ich mich hier auch einmal nützlich

machen und Sie auf Ihren Spaziergängen begleiten.«
Bertram war gern in Gesellschaft von Veronica Nolding.
Oft trafen sie bei ihren kleinen Ausflügen über die sandigen Wege den Bruder. Dann kam eine fröhliche Stimmung auf. Bertram wunderte sich, wie aufgeschlossen Wolfram in der Gesellschaft des jungen Mädchens war. Sie passt gut zu ihm, dachte er, sie steckt ihn mit ihrem Frohsinn an. Veronica kam ganz nach dem Vater, hatte rötliches Haar, einige Sommersprossen, fast wasserhelle Augen und einen vollen, sinnlichen Mund.
Ihre Schwester Verena dagegen gab sich sehr dezent. Sie hatte mit ihren Eltern Baron Bertram begrüßt, kam aber nie ins Verwalterhaus. Traf sie Bertram im Gutshof, wünschte sie ihm einen Guten Tag und verschwand in den Ställen. Sie war eine brillante Reiterin; auf dem Pferd wirkte sie noch stolzer. Manchmal verausgabte sie sich selbst und ihren Hengst völlig. Dann galoppierte sie total erschöpft in das Gestüt, der Stallbursche musste sie aus dem Sattel heben, das Pferd war schweißbedeckt. Bertram empörte das. Wie konnte sie das Tier so brutal behandeln!
Als er einmal Gelegenheit hatte, ihr das zu sagen, schaute sie ihn amüsiert an, warf das lange kastanienbraune Haar zurück und ging wortlos an ihm vorüber. Er bemerkte allerdings, dass seine Empörung Wirkung gezeigt hatte. Verena nahm sich zusammen.
Ahnungslos über die Ursache der veränderten Haltung der Schwester erklärte Veronica ihm eines Ta-

ges, endlich beruhige sich ihre Schwester und lasse ihren Ärger nicht mehr an den Pferden aus.
»Sie musste eine große Enttäuschung überwinden, ich glaube, jetzt hat sie es geschafft.«
Näher ging sie nicht darauf ein, aber Bertram interessierte es.
Von seinem Bruder erfuhr er, dass die beiden Schwestern aus einem bestimmten Grunde in Italien waren.
Verena hatte sich im Jahr zuvor in einen Italiener verliebt, einen weitläufigen Verwandten ihrer Mutter, dem nicht der beste Ruf vorauseilte. Aber sie schlug alle Warnungen in den Wind und setzte durch, erneut einige Wochen in Italien verbringen zu dürfen. Ihr Vater konnte ihr keinen Wunsch abschlagen, bestand aber darauf, dass Veronica sie begleite.
»Durch irgendeinen Zufall scheint Verena dahintergekommen zu sein, dass dieser Mann mit einer anderen Frau liiert ist. Genaues hat mir Veronica nicht erzählt, es muss aber eine sehr peinliche Situation gegeben haben, denn sie sagte mir, ich solle dieses Thema nie erwähnen. Jedenfalls«, fügte Wolfram hinzu, »kommt mir Verena sehr verändert vor.«
Zur Verlobungsfeier hatte sich Bertram tatsächlich von Lene einen Anzug überstreifen lassen. Mit dem hellen Hemd, der Krawatte und seinem inzwischen gebräunten Teint sah er sehr gut aus.
»Sie sind ja ein regelrecht schöner Mann«, rief sie spontan aus.
»Schau dir das an, Heinrich«, wandte sie sich an ihre andere Ehehälfte, »der Baron sieht aus wie ein junger Heißsporn.«

Heinrich Murza schmunzelte, selbst Bertram lachte:
»Na, da kann ich ja auf Brautschau gehen.«
»Tun Sie das. Es könnte nicht schaden«, meinte Lene.
Im Nu war Bertram wieder ernst. Wie konnte er nur so etwas sagen!
Auch die Noldings waren von Bertrams Verwandlung überrascht.
»Ein Glück, dass ich schon vergeben bin«, sagte Veronica so drollig, dass selbst ihre Schwester in Lachen ausbrach.
Bertram hörte dieses Lachen zum ersten Mal, es stimmte ihn froh und er sah sie eindringlich an. Verena wandte sich schnell ab, sie schien über ihre Fröhlichkeit selbst erstaunt zu sein.
Es wurde eine harmonische Feier. Wolfram und Veronica strahlten um die Wette, und auch die zukünftige Schwiegermutter war zufrieden. Sie war die einzige in diesem Kreis, der Bertram keine Sympathie abgewinnen konnte. Ganz im Gegensatz zu Dr. Fritz Nolding, mit dem er bald in einem intensiven Gespräch über Pferde und dann über Flugzeuge verwickelt war.
Wolfram schaute den Bruder ängstlich an. Der aber schüttelte den Kopf, es tat ihm sogar gut, sich der alten Zeiten zu erinnern.
Verena gesellte sich gleichfalls zu ihnen, mischte sich jedoch kaum in die Unterhaltung, bekundete aber sofort ihr Interesse, als Bertram sie fragte, ob sie sich langweile.
Der Abend verging wie im Fluge, Bertram hatte sei-

ne sonst übliche Schlafenszeit längst überschritten, er fühlte sich keinesfalls müde und erschöpft schon gar nicht. Es geht aufwärts mit mir, stellte er fest.

Am nächsten Tag kutschierte ihn Veronica im Rollstuhl bis zur Koppel am äußersten Rand des Gestüts. Dort tummelten sich die Fohlen. Wolfram und Verena waren damit beschäftigt, jedes einzelne ausgiebig zu betrachten. Als weiteren Experten hatten sie den Tierarzt hinzugezogen. Sie wollten entscheiden, welche der Tiere im Gestüt verbleiben sollten, konnten sich jedoch nicht einig werden.

»Die Auswahl fällt in diesem Jahr schwer«, wandte sich Verena an Baron Bertram, »sämtliche Tiere sind prächtig gediehen. Am liebsten würde ich alle behalten.«

»Tun Sie es doch. Die Tiere sind wunderbar.«

»Ist das Ihr Ernst?«

»Selbstverständlich, ich verstehe etwas davon – zumindest war das mal so.«

»Ihr Bruder wird damit nicht einverstanden sein«, sagte sie sinnend. »Könnten Sie ihn nicht beeinflussen?«

»Nein. Ich mische mich niemals in seine Angelegenheiten.«

Verena schaute ihn ungläubig an, dann vollführte sie die energische Kopfbewegung, die Bertram mehrmals an ihr beobachtet hatte, und ging entschlossen auf ihren zukünftigen Schwager zu.

Bertram wäre ihr gern gefolgt; aber man schien ihn völlig vergessen zu haben. In diesem Augenblick haderte er sehr mit seinem Schicksal. An den Rollstuhl gebunden kam er sich einmal mehr als überflüssig und unnütz vor.

Eigentlich wollte er sofort nach der Verlobung seine Kur antreten. Doch nicht nur Lene bestürmte ihn, noch einige Wochen zu bleiben. Auch die beiden Schwestern betätigten sich als Bittsteller.

»Wolfram ist immerzu beschäftigt«, maulte Veronica. »Sie sind ein so guter Gesellschafter, wir lassen Sie einfach nicht fort von hier.«

Verena schloss sich der Schwester an und warf ihm einen Blick zu, den er nicht definieren konnte.

Bertram ließ sich nur zu gern überreden. Trotz einiger Rückfälle, die ausschließlich Seele und Herz betrafen, bekam ihm der Aufenthalt auf dem Gestüt bestens. Er freute sich, dass er jetzt mit seinem Bruder wieder gut auskam. Das habe ich vorwiegend Veronica zu danken, überlegte er. Sie war so fröhlich und unkompliziert. Ganz anders als ihre Schwester. Verena einzuordnen, das gelang ihm einfach nicht. Mal wirkte sie bescheiden, vernünftig und dann wieder unbeherrscht und egoistisch. Er kam mit ihrem Charakter nicht klar und beschäftigte sich viel zu viel mit ihr.

Als er das bemerkte, sagte er sich, die Zeit der Abreise sei gekommen. Jetzt mache ich mir schon Gedanken über ein junges Mädchen, das mir nicht einmal gefällt!

Aber sein geplanter Aufbruch wurde von den Noldings einfach nicht akzeptiert.

»Bleiben Sie doch bitte bis zu unserem Sommerfest«, bat Verena.

»Das sind Sie uns einfach schuldig«, ergänzte ihr Vater fröhlich. »Sie werden interessante Leute kennen lernen, bestimmt langweilen Sie sich nicht.«
Auch Wolfram meinte, es könne ihm nicht schaden, wieder einmal in andere Gesellschaft zu kommen.
»Ich verspreche dir, ich bringe dich anschließend nach Karlsbad – höchstpersönlich. Veronica würde dich auch gern begleiten. Es ist dir doch recht?«
»Natürlich, sogar sehr recht. Ihr könntet einige Tage in Karlsbad bleiben, das wäre für euch beide bestimmt schön.«
»Genau das ist unsere Absicht«, lachte Wolfram.
Das Sommerfest verkraftete Bertram besser als gedacht. Er hatte große Zweifel, ob er in seinem Rollstuhl zu einer fröhlichen Gesellschaft überhaupt passt. Lene sprach ihm Mut zu: »Einmal müssen Sie diesen Schritt wagen, Herr Baron. Und besser hier, wo alle Sie gern haben, als unter Fremden.«
Das leuchtete ihm ein. Eigenartigerweise kam er sich nicht deplaziert vor. Wenn nicht Dr. Nolding oder Veronica in seiner Gesellschaft waren, umringten ihn andere Gäste.
»Einen so mutigen Flieger hat noch keiner persönlich erlebt«, flüsterte ihm Veronica zu. »Sie dürfen deren Neugier nicht übel nehmen, sie sind alle sehr wissbegierig.«
Später gesellte sich auch Verena zu seinem Kreis.
»Ich mag nicht ständig tanzen, es macht mir keinen Spaß«, begründete sie das Bertram gegenüber und wich bis zum Schluss nicht von seiner Seite.
Nach einem Tag der Erholung begann Lene mit

dem Packen von Bertrams Koffer. Er wollte nur das Notwendigste mitnehmen und alles Übrige im Gestüt lassen. Mitten in diesem Durcheinander erschien Wolfram und fragte ihn, ob er etwas dagegen hätte, wenn sich auch Verena ihnen anschlösse.
»Wolltest du Karlsbad nicht mit Veronica allein genießen?«
»Das schon, aber Verena hat uns beim Frühstück regelrecht überrumpelt. Ihre Eltern fanden es eine sehr gute Idee, Veronica und ich konnten nicht abschlagen.«
»Und nun hoffst du darauf, dass ich es ablehne?«
»Anfangs dachte ich daran, aber das wäre nicht gut. Zum Glück sagte sie, eine Schulfreundin weile dort zur Kur. Sie wird demnach beschäftigt sein, zumindest zeitweise.«
»Und während der anderen Zeit?«
»Vielleicht könntest du sie hin und wieder zu einem Spaziergang bitten?«
»Bruderherz, ich werde mir Mühe geben«, grinste Bertram.
Es war seit Jahren zum ersten Mal, dass sich Wolfram mit einem Wunsch an ihn wandte. Und wenn es ihm noch so schwer fällt, er würde diesen Wunsch erfüllen.
»Meine Behandlung wird bestimmt nicht mit einer Gewaltkur beginnen, da bleibt mir Zeit für Verena.«
»Danke.«
Bertram blickte dem Bruder lange hinterher. Schön, dass dieser sein Glück gefunden hat!
So richtig wohl fühlte er sich allerdings bei dem Ge-

danken an Verenas Begleitung nicht. Was war der Grund ihrer plötzlichen Reiselust? Die Schulfreundin bestimmt nicht, falls es sie überhaupt gab. Er erinnerte sich an einige ihrer Blicke auf dem Sommerfest und ihre ständigen Behauptungen, sie habe keine Lust zu tanzen. Stimmte das eigentlich?
Eine plötzlich aufkeimende Vermutung schob er energisch beiseite. Ich sehe Gespenster, welche Aufmerksamkeit vermag ein Krüppel bei einer so temperamentvollen Frau schon hervorzurufen!
In Karlsbad begann Verena mit ihm zu flirten, ein Blinder hätte es bemerkt. Bertram war das peinlich. Er fragte sich, was sie damit bezwecke, fand jedoch keine Antwort. Vielleicht will sie sich nach der unseligen Geschichte in Italien nun mit ihm schadlos halten? Bertram gefiel ihr Verhalten keineswegs und er schützte jetzt oft eine Behandlung vor, obwohl er durchaus freie Zeit hatte. Sein Herz war noch krank, er dachte zuviel an Christina.
Als Wolfram und Veronica die Rückreise planten, entschied Verena, sie bleibe hier.
Veronica sagte es Bertram.
»Warum?«
»Ich weiß es nicht. Als ich sie danach fragte, lachte sie nur.«
»Und was denken Sie, Veronica?«
»Meine Schwester ist schwer einzuschätzen. Sie hat schon immer gemacht, was sie wollte. Aber wenn Sie meine ehrliche Meinung wissen wollen – der Grund sind Sie.«
»Das verstehe ich nicht.«

»Ich schon. Sie sind ein attraktiver, intelligenter Mann.«
Dann lachte Veronica und fügte hinzu: «Und Sie können ihr nicht weglaufen.«
Im gleichen Augenblick wurde ihr bewusst, wie deplaziert diese Bemerkung war.
»Bitte, entschuldigen Sie, mir sind diese Worte so herausgerutscht.«
Etwas schockiert war Bertram schon, doch Veronica hatte es nicht böse gemeint, das wusste er.
»Sie müssen sich nicht entschuldigen, Veronica. Aber jetzt sagen Sie mir bitte, warum Sie diese Worte gewählt haben; so einfach herausgerutscht sind sie Ihnen nicht, soweit kenne ich Sie.«
Etwas verlegen fragte sie: »Wollen Sie darauf wirklich eine Antwort?«
»Natürlich. Das sind Sie mir jetzt schuldig.«
»Ach, ich weiß nicht, wie ich Ihnen das erklären soll. Verena ist viel schöner als ich, sie hatte immer viele Verehrer. Aber wenn es ernst zu werden schien, liefen sie meiner Schwester davon. Deshalb habe ich das gesagt.«
Bertram sann an diesem Abend lange über Veronicas Worte nach. Er war sicher, dass sie ihn nicht kränken wollte.
Aber warum hatte Verena so schlechte Erfahrungen hinter sich? Es musste doch einen Grund dafür geben. Sollte er etwa ein Notnagel sein? Nun, da würde sie sich täuschen – auch wenn er nicht weglaufen konnte.
Verena blieb zwei Wochen in Karlsbad, und Bertram

gewöhnte sich an ihre Gesellschaft. Hin und wieder, wenn sie etwas anderes vorhatte, langweilte er sich ohne sie sogar.
Dann teilte sie ihm mit, sie müsse nun endlich nach Hause fahren.
Er nahm es anscheinend gelassen auf, aber er vermisste sie bald.

Auf dem Gut in Matzinnendorf ging es an diesem Morgen fröhlich zu. Alle waren sehr früh aufgestanden; über dem Land lag schon wochenlang eine brütende Hitze. Bereits an den Nachmittagen wurden sämtliche Arbeiten auf den Feldern eingestellt, Christina hatte den Verwalter darum gebeten.
»Niemand kann die Hitze draußen aushalten. Selbst die Tiere wollen nicht auf die Weide.«
Ihr Mann schloss sich Christinas Meinung an. Auch in der Kanzlei war die Luft stickig, er fuhr trotzdem täglich hin, nahm sich am späten Vormittag jedoch wichtige Akten mit nach Hause. In seinem Arbeitszimmer mit Blick auf die Kastanienallee war es kühl, hier konnte er arbeiten.
Die Straßen von Matzinnendorf waren wie ausgestorben, als Johannes Notz mit seinem Auto zum Gut einbog. Ein Blick zum Himmel sagte ihm, dass das erwartete Gewitter noch lange nicht in Sicht sei. Heute hatte er nur wenige Papiere eingepackt, denn es war Antonias erster Geburtstag. Natürlich konnte die Kleine das nicht wissen, sie wollten aber trotzdem feiern. Christinas Eltern bestanden darauf. Sie glaubten noch immer an eine Frühgeburt und waren entzückt über die prächtige Entwicklung des Kindes.
Johannes wollte diesen Glauben nicht erschüttern. Christina hatte ihn gebeten zu bestimmen, zu welchem Zeitpunkt die Eltern die Wahrheit erfahren sollten.
Aber er hatte sich längst überlegt, darüber niemals ein Wort zu verlieren. Er liebte Antonia und fühlte

sich als ihr Vater. Sie konnte jetzt schon Papa sagen. Darauf war er mächtig stolz. Kurz vor ihrem Geburtstag wagte sie die ersten selbständigen Schritte. Antonia lief bis in seine Arme. Er wusste sich vor Freude kaum zu fassen und schwenkte das Kind übermütig durch die Luft.

Christina sagte sich oft, wie gut es war, sich für Johannes entschieden zu haben. Ihr Kind hätte sich keinen besseren Vater wünschen können, und ihre Ehe verlief harmonisch. Vielleicht zu harmonisch, es gab weder Höhen noch Tiefen. Johannes blieb sich immer gleich: freundlich, zuvorkommend, ihr jeden Wunsch erfüllend. Alle Bekannten beneideten sie.

Trotzdem fühlte sie sich nicht glücklich. Was ist nur mit mir?, fragte sie sich des öfteren. Ich habe alles, was man sich nur wünschen kann: ein gesundes, fröhliches Kind, einen Mann, der mich anbetet, ein wunderschönes Zuhause . . . Und plötzlich waren ihre Gedanken wieder bei Bertram, sie konnte diese nicht bannen. Wie wird es ihm ergehen in seinem Rollstuhl? Wird man ihn richtig pflegen? Ob er das Krankenhaus verlassen hat? Und wo ist er jetzt?

Sie hätte gern Martha danach gefragt. Vielleicht wusste sie etwas. Aber Christina wagte nicht, zu ihr zu gehen. Bestimmt nahm Martha an, sie habe Bertram wegen des Unfalls verlassen. Außerdem schien sie inzwischen bettlägerig zu sein, zumindest hatte Christina das beim Einkaufen gehört. So schob sie einen Gang zu ihr immer wieder auf.

Und nun sagte ihr Johannes, dass Martha Ebert gestorben sei. Ihre Tochter habe ihn mit der Regelung

der Erbschaftsangelegenheiten betraut, da der Sohn, der im Rheinland lebte, plötzlich seine Ansprüche geltend mache.
»Hat sie denn überhaupt etwas zu vererben?«, fragte Christina automatisch, während sie die Tränen unterdrückte. Johannes hatte keine Ahnung von ihrer Beziehung zu Martha.
»Es scheint so, sie muss sehr sparsam gewesen sein.« Dann sah er sie erschrocken an: »Ist dir nicht gut, Christina? Du bist ja ganz verstört.«
»Es ist nichts«, brachte sie mühsam hervor. «Nur die Hitze.«
»Ruhe dich etwas aus. Dann bist du wieder frisch, wenn die Eltern kommen.«
Er geleitete sie besorgt in ihre Räume und bettete sie auf einen Diwan.
»Schlafe ein wenig, ich wecke dich rechtzeitig.«
Christina fühlte sich, als hätte sie Johannes betrogen. Der Tod Marthas erinnerte sie zu sehr an ihre erste Liebe. Sie hätte ihr alles über das Ende dieser Liebe erzählen sollen. Bei ihr hätte sie Trost finden und ihr Herz ausschütten können. Warum nur war sie nicht noch einmal zu ihr gegangen? Nun war es zu spät.
Obwohl sie sich sehr auf den Geburtstag ihres Kindes gefreut hatte, musste sie sich zu einem Lächeln zwingen, als die Eltern mit ihren vielen – meist unangebrachten – Geschenken erschienen. Sie bemerkte, wie besorgt Johannes sie noch immer betrachtete, das war das Schlimmste. Zum Glück galt die Aufmerksamkeit der Eltern dem Geburtstagskind, das sie immer wieder mit seinen Laufversuchen beglückte.

Christina hatte herausgefunden, wann die Beerdigung von Martha Ebert stattfinden sollte. Sie würde daran teilnehmen, sollten die Leute sich über den Grund den Kopf zerbrechen.

Es war an einem schwülen Vormittag, als Martha zu Grabe getragen wurde. Der Himmel hing bereits voller dunkler Wolken, der Pfarrer beeilte sich mit seiner Rede, gleich würde das Gewitter losbrechen. Die Trauergäste flüchteten vor Blitz und Donner in die Kirche zurück, Christina war völlig durchnässt. Aber der Regen war warm, sie würde sich nicht erkälten. Sie kam sich etwas verloren vor unter den Dorfbewohnern. Nie hätte sie gedacht, dass Martha so viele Freunde besaß.

Auf einmal sprach sie deren Tochter an. »Meine Mutter«, sagte sie, »hat vor einiger Zeit einen Brief erhalten. Vor ihrem Tod bat sie mich, diesen Brief Ihnen zu geben. Heute habe ich ihn nicht bei mir, aber ich könnte ihn in den nächsten Tagen bei Ihnen abgeben.«

Christina ahnte, von wem dieses Schreiben stammt. Am liebsten wäre sie nach dem Regen mit zum Gehöft gegangen, doch das schien ihr zu aufdringlich.

Später konnte sie nicht verstehen, warum sie nicht vorgeschlagen hatte, den Brief am nächsten Tag persönlich abzuholen.

Nun musste sie warten.

Als Marthas Tochter nach drei Tagen noch immer nicht auf dem Gut erschienen war, hielt sie es nicht mehr aus. Ich werde Antonia mitnehmen, dann sieht es wie ein zufälliger Spaziergang aus, überlegte sie.

Gerade wollte sie das Kind in den neu erworbenen Sportwagen setzen, als Johannes mit seinem Auto in den Gutshof einbog.
»Da bin ich ja noch zur rechten Zeit gekommen«, sagte er. »Wolltet ihr beide einen Spaziergang machen?«
»Nun, den können wir verschieben. Wie kommt es, dass du so früh zurück bist?«
»Ich hatte mit der Tochter von dieser Martha Ebert noch etwas zu besprechen und habe beschlossen, heute nicht mehr in die Stadt zurückzufahren.«
Christina erschrak, da wäre sie beinahe ihrem Mann dort begegnet.
»Du hast mir gar nicht gesagt, dass du bei der Beerdigung warst.«
»Ich hielt es nicht für so wichtig.«
»Hm. Sie hat für dich einen Brief hinterlassen. Das ist merkwürdig. Kanntest du sie näher?«
»Ich habe manchmal ein Schwätzchen mit ihr gemacht.«
Als Johannes den Brief aus der Tasche zog, sah sie, dass der Umschlag verschlossen war. Es stand nur ihr Name darauf: Frau Christina Notz. Sie nahm ihn entgegen und bemühte sich, ihre Nervosität nicht zu zeigen.
Ihr Mann schaute sie fragend an: »Willst du den Brief nicht öffnen?«
»Das hat Zeit.«
Zum Glück machte sich Antonia jetzt bemerkbar. Sie wollte vom Vater auf den Arm genommen werden. Christina atmete auf, Johannes war abgelenkt.

Doch sie hatte sich geirrt. Er kannte Christina längst so gut, dass ihm sofort klar war, mit diesem Brief ist etwas verbunden, das seine Frau vor ihm geheim hielt. Plötzlich begriff er, warum sie an der Beerdigung teilgenommen hatte. Martha war jahrzehntelang bei den Rutenfelds in Dienst gewesen. Sie schien von der Beziehung zwischen dem Baron und Christina gewusst zu haben.

Johannes ließ sich seine Erkenntnis nicht anmerken. Christina sollte den Brief in aller Ruhe lesen. Wenn sie wirklich Vertrauen zu ihm hat, wird sie von selbst darüber reden.

So sagte er leichthin: »Ich habe noch etwas mit dem Verwalter zu besprechen und nehme Antonia mit. Den Spaziergang würde ich gern verschieben – bis nach dem Tee.«

»Gern.«

So erhielt Christina Zeit, den Brief zu lesen und sich zu beruhigen.

Der Umschlag enthielt einige Zeilen, die Bertram an Martha gerichtet hatte, kaum leserlich. Er kann seinen Arm wieder bewegen, dachte sie im ersten Augenblick. Er schrieb, es gehe ihm besser und bald werde er in eine andere Klinik verlegt. Sie solle nicht traurig sein, er würde das Leben auch im Rollstuhl meistern. Das war alles.

Martha schien diese Zeilen wieder und wieder gelesen zu haben. Das Papier war fleckig und leicht zerknittert. Warum hatte sie ihr, Christina, den Brief vermacht? Wollte sie ihr mitteilen, dass es ihm besser ging? Oder sollte es eine Mahnung sein? Sie wür-

de es nie erfahren. Aber nun wusste sie endlich, dass er den Willen zum Leben wiedergefunden hatte. Damit wollte sie sich zufrieden geben.
Nachdem sie sich einigermaßen gefasst hatte, warf sie einen Blick in den Spiegel und stellte erleichtert fest, dass ihr Gesicht kein Zeichen der inneren Aufregung trug. Nun konnte sie zu Johannes und Antonia zurückkehren. Der Tee würde ihr jetzt gut tun. Nicht ein Gedanke kam ihr, Johannes über den Inhalt des Briefes zu informieren. Erst am späten Abend als Johannes seine Lektüre beendete, kam ihr zum Bewusstsein, sie schulde ihm eine Erklärung.
Langsam erhob sie sich aus ihrem Sessel, legte gleichfalls ihr Buch beiseite und sagte: »Ich bin sofort zurück; ich möchte dir etwas zeigen.«
Als Johannes den Brief Bertrams an Martha gelesen hatte, schaute er Christina fragend an: »Tut es noch weh?«
Wie lieb er ist, kein Wort des Vorwurfs, keine Frage. Er sorgt sich um mich.
Zögernd antwortete sie: »Vielleicht ein klein wenig. Aber ich bin froh, dass du bei mir bist.«
In Johannes stieg eine unbändige Freude auf. Eines Tages wird sie mich lieben, ich muss nur Geduld haben, sagte er sich.
Der Sommer ging plötzlich von einem Tag zum anderen vorüber. Die Herbststürme wollten kein Ende nehmen. Johannes sorgte sich um die Kartoffelernte.
»Wenn der Regen nicht aufhört, faulen uns die Kartoffeln auf den Feldern«, sagte er zu seiner Frau.

»Wir haben das Gut jetzt so richtig hoch gebracht – und nun das!«
»Wäre es denn so schlimm?«
»Ja. Wir könnten sie zu einem guten Preis verkaufen. Außerdem brauchen wir sie als Futter für die Schweinezucht auf dem Gelände hinter dem Dorf, die von Anfang an sehr profitabel war. Der Verwalter hat dafür ein gutes Gespür.«
»Mit scheint, Herr Rechtsanwalt«, neckte ihn Christina, »Sie überschreiten Ihre Kompetenzen. Für die Landwirtschaft sollte doch einzig Herr Baumann, unser Verwalter, zuständig sein.«
»Ja, glaubst du denn, das mich das alles nicht interessiert, dass ich nur hier wohne, ohne mich um meine Umgebung zu kümmern?«
»Ich nahm an, dazu bliebe dir keine Zeit.«
»Etwas Zeit sollte man sich dafür schon nehmen, meinst du nicht auch?«
Johannes wurde ärgerlich. Was dachte sich Christina eigentlich, sollte er auf seinem eigenen Besitz nur Zaungast sein, sich nur im Herrenhaus aufhalten? Warum kam sie nie auf die Idee, dass er hier Verantwortung trägt – und sie ebenfalls! Er versuchte, seine Gedanken zu beschwichtigen. Sie hatte natürlich mit Antonia genug zu tun, denn ein Kindermädchen lehnte sie ab. Trotzdem, ein bisschen Interesse an den hier anfallenden Arbeiten und Entscheidungen könnte sie zeigen. Spontan beschloss er, ihr das zu sagen.
Seine Frau schaute ihn aus großen Augen an. Nie hätte sie geglaubt, dass er das von ihr erwartete. Sie

lebte in dem Glauben, Johannes hätte das Gut lediglich als Geldanlage gekauft und um darin zu wohnen. Seine Aufmerksamkeit für die Landwirtschaft war ihr völlig entgangen. Da sie nicht wusste, wie sie ihm das erklären sollte, schwieg sie. Johannes war enttäuscht.
»Ich habe noch zu tun«, sagte er und verschwand.
Christina spürte seine Enttäuschung und verstand selbst nicht, warum sie so in den Tag hinein lebte. Oder erinnerten sie die Arbeiten auf dem Rittergut zu sehr an die vorigen Besitzer? Das ist ja albern, überlegte sie, an das Wohnen im Herrenhaus habe ich mich schließlich auch gewöhnt. Vielleicht finde ich tatsächlich eine Aufgabe. Und schon hatte sie eine Idee: der verwilderte Garten auf der Rückseite des Herrenhauses!
So schnell sie ihre Beine trugen rannte sie Johannes hinterher. Kurz vor dem Verwaltersitz holte sie ihn ein.
»Ich werde den Garten neu anlegen«, rief sie ihm zu. »Vielleicht finden sich in der Bibliothek einige Hinweise, wie er einst gestaltet war.«
Johannes konnte ihr einfach nicht böse sein.
»Das ist eine tolle Idee, Christina. Wird es dir wirklich Freude machen?«
»Und ob!«, lachte sie. »Ich werde mir jetzt Inga nehmen und das Gelände ausgiebig inspizieren.«
Der Hund, der inzwischen eine stattliche Größe erreicht hatte und sich meist in Antonias Nähe aufhielt, schien die Worte verstanden zu haben. Jetzt schlief seine beste Freundin, er langweilte sich. Ein

Spaziergang mit seiner Herrin verhieß Abwechslung und Spaß.
Johannes schaute ihnen lange hinterher. Manchmal ist sie ein richtiger Kindskopf – und ich bin ein verliebter Narr!
Christina nahm ihre Aufgabe sehr ernst. Nachdem sie in der Bibliothek keine Unterlagen entdeckt hatte, beriet sie sich mit dem Gärtner. Er erzählte ihr von seinem Vorgänger, der dieses Gelände noch einigermaßen gepflegt hatte. Er sei zwar inzwischen Anfang neunzig aber noch recht rüstig und wohne im Nachbardorf.
»Da fahren wir doch gleich mal hin.«
Der alte Grundmann saß auf einer weißen Bank vor seinem Haus, im Mund die längst erkaltete Tabakspfeife. Er war etwas schwerhörig, aber als der Gärtner ihm Christinas Anliegen in entsprechender Lautstärke mitgeteilt hatte, verzog sich sein Mund zu einem breiten Lächeln, beinahe wäre die Tabakspfeife auf dem Pflaster im Hof gelandet.
»Ich weiß noch genau, wie der Garten der seligen Frau Baronin ausgesehen hat. Am schönsten waren die Rosen und die bunten Rabatten. Die musste ich mehrmals im Jahr neu bepflanzen.«
»Wunderbar, Herr Grundmann. Dann können Sie sich wohl sogar erinnern, welche Blumen Sie gepflanzt haben?«
»Aber ja.«
Nachdem er sich ausgiebig über die jetzigen Verhältnisse auf Rutenfeld erkundigt hatte, bat er seine Besucher in die gute Stube. Dort holte er einen gro-

ßen Bogen alten Packpapiers, einen Bleistiftstummel und ein Lineal, auf dem kaum noch die Zahlen erkennbar waren.

Nachdem er das Papier auf dem Tisch ausgebreitet und gründlich glatt gestrichen hatte, fertigte er mit raschen Strichen eine Skizze vom ehemaligen Gutsgarten an. Christina konnte sich nicht genug wundern, Paul Grundmann hatte noch jede Einzelheit im Kopf. Mit den Anfangsbuchstaben kennzeichnete er die Farbe der Blumen, auf den Rand schrieb er in seiner steilen Schrift deren Namen.

»Sie müssen alles genau befolgen«, wandte er sich Christina wieder zu, »dann wird es erneut der schönste Blumengarten der ganzen Umgebung.«

»Das verspreche ich. Darf ich wiederkommen, wenn mir etwas unklar ist?«

»Zu jeder Zeit. So eine hübsche junge Frau war schon lange nicht mehr in meiner Behausung. Und wenn mich meine Beine im nächsten Frühjahr noch tragen, dann schaue ich mir alles an.«

»Damit rechne ich ganz bestimmt.«

Christina war überglücklich. Der Alte war ein Treffer. Wie genau er alles eingezeichnet hatte, und wie flink seine Gedanken hinter der faltigen Stirn noch arbeiteten!

Die nächsten Tage verbrachte Christina fast ausschließlich »im Dschungel«, wie sie den ehemaligen Garten bezeichnete. Der Gärtner hatte noch einige Helfer organisiert, und bald konnten die Aufzeichnungen des alten Grundmann umgesetzt werden.

Johannes Notz stellte fest, seine Frau blühte jetzt

regelrecht auf. Wie gut, dass sie eine Aufgabe gefunden hat, die ihr Freude macht.
Die Zeit verrann wie im Fluge. Christina war entsetzt, als die ersten Flocken zur Erde rieselten.
»Wir haben noch nicht alles für das Frühjahr vorbereitet«, jammerte sie.
»So schlimm ist das wohl nicht«, entgegnete ihr Mann. »Antonia wird sich freuen, wenn die Mama ihr wieder mehr Zeit widmen kann.«
Christina schaute ihn schuldbewusst an. Sie hatte die Tochter jetzt des öfteren ihrer Mutter überlassen. Magdalena Preterborn kümmerte sich rührend um die Enkelin, verwöhnte sie allerdings auch sehr. Während Christina dieser Tatsache wenig Bedeutung beimaß, gefiel es Johannes keineswegs. Doch er wollte es deshalb zu keiner Auseinandersetzung kommen lassen und hoffte auf einen langen, schneereichen Winter.
Es schien, als würde sein Wunsch erhört. Der Novemberschnee blieb mehrere Wochen liegen, und nach einigen Tagen ohne Frost schien der Winter seinen endgültigen Einzug gehalten zu haben. Der Schnee türmte sich hoch an den Mauern des Rittergutes entlang, es gelang nur mühsam, wenigstens die Hauptstraße zur Stadt zu räumen.
Johannes Notz arbeitete viel von zu Hause aus und ließ sein Auto lieber in der Scheune stehen. Selbst Eduard Preterborn musste es verschmerzen, dass er tagelang nicht pünktlich sein Büro erreichte. Kaum einer der Einwohner von Matzinnendorf konnte sich an einen derart schneereichen Winter erinnern.

Auch Baron Bertram haderte mit dem Wetter. Er befand sich noch immer in Karlsbad und musste auf seine gewohnten Ausfahrten verzichten. Seit Verena abgereist war, hatte eine der Schwestern seines Sanatoriums ihn täglich im Rollstuhl durch den Kurpark oder das Städtchen gefahren. Das ging nun nicht mehr, die Räder blieben im Schnee stecken, den Umstieg in einen Schlitten wollte er nicht.
Um die viele freie Zeit zu überbrücken, intensivierte Bertram sein Bewegungsprogramm. Bald stellte er fest, dass er sein linkes Bein etwas anheben konnte. Anfangs vermutete er, es sei eine Täuschung und schwieg darüber. Dann bemerkte er dieses Phänomen auch im anderen Bein. Die Ärzte waren überrascht, und für den Baron wurde ein neues Kurkonzept ausgearbeitet. So kam es, dass er auch während der Weihnachtstage in Karlsbad blieb.
Veronica schrieb ihm, wie enttäuscht alle wären, dass er am Heiligen Abend nicht bei ihnen sein würde. Natürlich hätten sie Verständnis dafür, dass er die Kur nicht unterbrechen wolle, aber zwei, drei Tage sollte er sich einen Besuch bei ihnen gönnen. Am Ende des Briefes hatte sie noch hinzugefügt, seine Abwesenheit kränke am meisten Verena.
Genau das war der Punkt, weshalb er die Einladung ausgeschlagen hatte. Es wäre durchaus möglich gewesen, einige Tage zu verreisen, zumal in dieser Zeit kaum andere Patienten in den Kliniken weilten, viele Ärzte, Schwestern und andere Mitarbeiter Urlaub nahmen und er nur ein Minimalprogramm absolvieren konnte.

Ein Wiedersehen mit Verena behagte ihm nicht, er wollte erst zu sich selbst zurückfinden. Das hatte er noch lange nicht geschafft. Seine Träume wurden beherrscht von Begegnungen mit Christina, und immer wieder erwachte er, als ihm im Halbschlaf klar wurde, sie ist verheiratet. Die Träume wichen nicht, auch tagsüber übermannte ihn oft die Sehnsucht nach ihr.

Bevor er ergründen wollte, was ihn mit Verena verband, musste er von diesen Träumen und dieser Sehnsucht loskommen.

Am zweiten Weihnachtsfeiertag klopfte es energisch an die Tür seines Zimmers. Bevor er sich darüber wundern konnte, stand Verena vor ihm.

»Frohe Weihnachten! Mich schickt der Weihnachtsmann.«

Bertram war derart überrascht, dass er keinen Ton von sich geben konnte.

»Na, Sie sind wohl in dieser Einöde stumm geworden? Oder hat Ihnen die Freude über meinen Besuch die Stimme verschlagen?«

»Ich bin total überrascht.«

»Das sollten Sie auch sein! Und hier sind Ihre Geschenke. Ich habe mich halbtot geschleppt.«

Bertram musste plötzlich lachen, denn inzwischen kullerten mehrere Äpfel über den Fußboden und einige buntverpackte Kästchen folgten ihnen.

Als Verena dieses Missgeschick schnell beseitigt und sich dann auf einen Sessel am Fenster niedergelassen hatte, öffnete Bertram die Päckchen. Alle hatten ihn reichlich bedacht. Seine Freude wurde aller-

dings etwas gedämpft von dem peinlichen Gedanken, dass er diesen Gaben nichts entgegenzusetzen hatte.
»Sie konnten doch nicht wissen, dass ich plötzlich hereinschneie«, beschwichtigte ihn Verena. »Außerdem könnten wir ja in den nächsten Tagen gemeinsam etwas für die Lieben daheim einkaufen.«
»Wollen Sie denn so lange hier bleiben?«
»Ich habe mir gedacht, ein bisschen kuren könnte mir auch gut tun.«
Sollte er sich darüber freuen? Bertram war sich keinesfalls sicher.
»Haben Sie sich schon für eines der Kurhäuser entschieden?«
»Natürlich. Ich bleibe hier in Ihrem Sanatorium.«
»Aber Sie haben doch keines der Leiden, die man hier behandelt«, wandte er ein.
»Das macht nichts. Ich bezahle gut, das andere wird sich finden.«
Mit diesen Worten baute sie unbewusst wieder eine Kluft zwischen ihnen auf. Bertram ärgerte sich über diese Selbstgefälligkeit, und es kostete ihn einige Überwindung, Verena zum Abendessen an seinen Tisch zu bitten.
Sie schien das nicht zu bemerken. Zum Glück musste sie sich im Sanatorium noch anmelden und verließ ihn nach einigen Minuten.
Erst jetzt betrachtete er nochmals die liebevoll zusammengestellten Geschenke. Neben der Brieftasche aus feinstem Leder, die von seinem Bruder stammte, freute er sich besonders über das Päckchen

mit allerlei Salben und verschiedenen Teemischungen, die Lene für seine Gesundheit zusammengebraut hatte. Allein diese Idee ließ seine Augen strahlen, er wollte die Krankenschwester fragen, ob er etwas benutzen darf. Mit Verenas Anwesenheit musste er sich halt abfinden.

Seine anfänglichen Vorbehalte verschwanden bald. Sie drängte sich ihm nicht auf, absolvierte tatsächlich eine regelrechte Kur und verlor dabei viel von ihrer inneren Unruhe, die Bertram auf dem Gestüt sehr gestört hatte. Jetzt wirkte sie ausgeglichen, und ihre gemeinsamen Spaziergänge, bei denen Verena den Rollstuhl sicher über die inzwischen festgefahrene Schneedecke lenkte, brachten Bertram angenehme Abwechslung.

Er wusste selbst nicht, warum er Verena nichts von seinen Fortschritten sagte. Die neue Bewegungstherapie bewährte sich; bald würde er erstmals wieder auf seinen eigenen Füßen stehen können, hatte ihm der behandelnde Arzt prophezeit. Er dürfe nur nicht ungeduldig werden.

Das war leicht gesagt. Bertram entging es durchaus nicht, dass seine Ersparnisse dahinschrumpften. Die Kosten für Ärzte und Therapeuten wurden zwar von der Versicherung bezahlt, die das Flugzeugwerk für alle Testflieger abgeschlossen hatte, aber alles andere belastete sein eigenes Konto. Ich muss schnellstens soweit sein, ohne fremde Hilfe auszukommen, nahm er sich vor.

Verena bemerkte den energischen Zug um seinen Mund, als sie ihn zum Spaziergang abholte.

»Sie sehen heute aus, als wollten Sie in einen Kampf gehen«, sagte sie.
»Vielleicht habe ich mir das auch vorgenommen.«
Bertram konnte nicht umhin, Verenas Scharfsicht zu bewundern. Kennt sie mich so gut, dass sie meine Gedanken spürt? Einerseits freute ihn das, andererseits verunsicherte es ihn.
Verena allerdings hatte seinen entschlossenen Blick völlig anders aufgefasst. Sie wartete seit langem auf eine Erklärung von ihm. Er muss doch merken, dass ich allein ihm zu liebe hier in Karlsbad bleibe. Und dass es mir nichts ausmacht, ihn im Rollstuhl zu wissen!
Sie hatte sich vorgenommen, ihn zu erobern. Und sie sagte sich, dass sie nach ihren vielen Enttäuschungen endlich einen Mann gefunden hatte, der das Leben ernst nahm, es schon wegen seiner Behinderung ernst nehmen musste.
Unklar war ihr allerdings, ob sie sich tatsächlich in ihn verliebt hatte, wie ihre Schwester meinte. Ihre Gefühle für diesen Bertram Rutenfeld konnte sie nicht einordnen. Ihre bisherigen Affären waren beherrscht von Leidenschaftlichkeit, von Auseinandersetzung und Versöhnung, von einer Regung, als gäbe es auf der Welt nur sie beide. Das Erwachen war dann umso grausamer. Ein solches Erwachen wollte sie nie wieder erleben. Bei Baron Bertram würde das nicht vorkommen, er war auf ihre Hilfe angewiesen.
Bestimmt, sagte sie sich, ist ihm diese Hilflosigkeit peinlich. Braucht er noch Zeit oder sollte sie den

ersten Schritt wagen? Doch sie war sich seiner Reaktion nicht sicher. Trotzdem, das Warten fiel ihr immer schwerer.
Ich werde es auf einen Versuch ankommen lassen, beschloss sie. Allerdings müsse dieser ihr und auch ihm einen Rückzug ermöglichen, der nichts zerstört. Wie sollte sie das anstellen?
Sie zermarterte sich den Kopf. Eine derartige Möglichkeit könnte sich vielleicht dadurch ergeben, dass sie ihm ihre Abreise ankündigt. Vielleicht würde das seine Zunge lösen.
»Ich werde Karlsbad verlassen, meine Kur ist in den nächsten Tagen beendet«, sagte sie, als sie nach dem Spaziergang durchgefroren in das Sanatorium zurückkehrten.
Bertram schaute sie betroffen an: »Sie wollen mich verlassen?«
»Das kommt darauf an, wie Sie das meinen.«
Der sanfte Ton dieser Worte ließ ihn plötzlich ihr Vorhaben erahnen. Ich muss auf der Hut sein, schoss es ihm durch den Kopf. Es ist noch zu früh.
»Mir wird Ihre Gesellschaft fehlen. Aber ich freue mich mit Ihnen, dass Sie endlich wieder ihr gewohntes Leben aufnehmen können. Auf dem Gestüt wird man Sie inzwischen sehr vermisst haben.«
Ihm war klar, dass er sie mit seiner Antwort kränkte. Gleichzeitig wehrte er sich gegen ein Gefühl, das ihn in Versuchung bringen wollte, sie zu bitten, hier zu bleiben.
Verena war mehr enttäuscht als gekränkt. Ist er denn aus Stein?, fragte sie sich. Aber ihre Abreise würde

sie nicht verschieben. Sollte er doch sehen, wie er ohne sie zurechtkommt. Vielleicht denkt er dann anders.

»Sie haben Recht, ich war viel zu lange weg von zu Hause.«

Damit schob sie ihn energisch an seinen gewohnten Platz am Fenster und verließ schnell den Raum.

In diesem Augenblick bereute Bertram seine Worte. Warum, fragte er sich, war ich so abweisend?

Bis zu Verenas Abfahrt unterhielten sie sich lediglich über belanglose Dinge.

Nur beim Aussuchen der nachträglichen Weihnachtsgeschenke, die Verena mitnehmen sollte, kam zwischen ihnen kurze Zeit die alte Vertrautheit auf.

Ich bin ein Trottel, sagte sich Bertram, als Verena ihm zum Abschied zuwinkte.

Einige Tage fühlte er sich derart lust- und energielos, dass es selbst dem Arzt auffiel.

»Es gibt keinen Grund, die Flügel hängen zu lassen«, sagte dieser. »Das kommt bei jedem Patienten vor. Haben Sie ein wenig mehr Geduld, ich bin mit Ihren Beinen sehr zufrieden.«

»Wenn es nur auch mir so ginge!«

»Zweifel sind nicht erlaubt. Sie waren doch bisher so tapfer.«

An diesem Abend hatte er starke Schmerzen und schlief spät ein. Wieder träumte er von Christina, konnte sich jedoch am Morgen nur schwach erinnern.

Dann geschah das Unerwartete: Nach der Behandlung griff der Masseur ihn unter die Arme und forderte ihn auf, seine Füße langsam auf den Erdboden zu stellen.

Bertram fasste es nicht – er konnte selbständig stehen! Es kam ihm vor, als wäre ein Wunder geschehen. Auch wenn es nur kurze Zeit währte – er sollte sich nicht überanstrengen –, erschien ihm die Welt in neuem Glanz. Am liebsten hätte er jeden umarmt, zumal sich alle mit ihm freuten.

Schritt für Schritt musste Bertram um sein neues Leben ohne Rollstuhl kämpfen. Und es gab Stunden, in denen er glaubte, es niemals zu schaffen. Jetzt hätte er einen Menschen gebraucht, dem er seine Verzweiflung anvertrauen könnte, der ihm Mut gemacht hätte. Wäre Verena dieser Mensch gewesen? Er wusste es nicht, und doch wünschte er, sie nicht derart vor den Kopf gestoßen zu haben.

Dann eröffnete ihm der Arzt, es sei nur noch eine Frage der Zeit, bis er das Gehen wieder völlig erlerne.

»Wir können Sie hier natürlich weiter behandeln«, sagte er. »Aber Sie werden das bei entsprechender Betreuung auch zu Hause schaffen. Dann hätten Sie endlich die Zeiten von Krankenhaus und Kurklinik hinter sich.«

»Ich werde es mir überlegen. Danke.«

Bertram hatte Mühe, die neue Situation zu verarbeiten. Natürlich hätte er Karlsbad gern verlassen. Aber hatte er denn ein Zuhause? War er seinem Bruder willkommen oder sollte er so lange warten, bis er wieder seine eigene Wohnung beziehen konnte? Und würde er es in der Nähe des Flugzeugwerkes

überhaupt aushalten, wenn er täglich sieht, wie andere Piloten aufsteigen?
Nach reiflicher Überlegung schrieb er seinem Bruder. Wolfram setzte sich gleich am nächsten Tag nach Erhalt dieses Briefes in sein Auto ohne sein Ziel zu verraten. Veronica würde Augen machen, wenn er mit Bertram ins Gestüt zurückkehrte!
Die Überraschung gelang ihm vollkommen. Veronica wollte es kaum glauben, dass der junge Mann, der langsam Schritt für Schritt auf sie zukam, der Bruder ihres Verlobten war.
»Herzlich Willkommen! Ich fasse es nicht! Wolfram hat mir kein Wort gesagt, wie gut es Ihnen inzwischen geht.«
»Dann ist die Überraschung ja gelungen«, strahlte Bertram.
Im nächsten Moment stürmte Lene mit ihrem Mann auf den Ankömmling zu, und selbst der alte Wachhund kam schwanzwedelnd näher.
Lene vergaß vor Glück jeglichen Standesunterschied, umarmte den Baron und küsste ihn auf die Wange. Erst dann begriff sie die in ihren Augen große Ungeheuerlichkeit ihres Benehmens. Erschrocken schaute sie zu Bertram empor, der sie nun seinerseits umarmte.
»Ihnen habe ich so viel zu verdanken, Frau Lene. Bestimmt hat auch Ihr Weihnachtstee geholfen.«
»Ich bin ja so froh. Aber Sie dürfen sich nicht übernehmen.«
Die Sorge um ihn gab Bertram eine Geborgenheit, nach der er sich sehnte.

»Ich habe doch Sie als Aufpasserin«, scherzte er.
Dann schaute er sich fragend um. Verena war nicht zur Begrüßung erschienen.
Veronica sagte wie beiläufig: »Meine Eltern sind gestern mit Verena in die Stadt zurückgekehrt. Wenn sie von Ihrer Ankunft gewusst hätten, dann wären sie hier geblieben. Besonders Verena wird es sehr bedauern, ihre ersten Schritte auf dem Gestüt verpasst zu haben. Hat sie denn in Karlsbad überhaupt nichts von Ihren Fortschritten bemerkt?«
»Nein. Das habe ich geheim gehalten.«
»So einer sind Sie also!«
»Genau. Sie treffen immer den Nagel auf den Kopf.«
Veronica lachte, und bald schritten alle Lene hinterher, die schnell einen Kaffee kochen wollte.
Nachdem Veronica die Eltern angerufen und von Bertrams Eintreffen berichtet hatte, dauerte es nur kurze Zeit, bis Verena mit ihrem Auto in den Hof gebraust kam.
»Ich konnte es nicht erwarten, das Wunder mit eigenen Augen zu sehen«, sagte sie zur Begrüßung und schaute Bertram tief in die Augen.
»Wann kommen die Eltern?«, fragte die Schwester.
»Morgen. Heute sind wir doch bei unserem Tierarzt eingeladen.«
»Und Sie haben diese Einladung einfach ausgeschlagen?«, fragte Bertram.
»Mit größtem Vergnügen! Ich freue mich so sehr für Sie. Seit wann können Sie wieder laufen?«
»Seit einigen Wochen. Es ging allerdings nur schrittweise vorwärts.«

»Und das haben Sie mir nicht mitgeteilt?«
»Ich wollte alle verblüffen.«
»Das ist Ihnen total geglückt. Aber jetzt habe ich einen Bärenhunger nach Lenes Apfelkuchen. Ihr Glück hat mir Appetit gemacht.«
Verena setzte sich neben Bertram und sprach Kaffee und Kuchen derart zu, dass sich selbst Lene wunderte.
Bertram musste nochmals von seinen ersten Schritten erzählen; aber das wurde ihm langsam zu viel. Er sehnte sich nach der Stille seines Zimmers.
Veronica half ihm: »Jetzt ist es aber genug mit dem Erzählen. Bertram hat eine anstrengende Fahrt hinter sich. Er muss sich etwas ausruhen. Und mein lieber Wolfram auch.«
Damit war die kleine Kaffeetafel aufgehoben. Bertram danke seiner zukünftigen Schwägerin mit einem zustimmenden Zwinkern und ging seinem Zimmer entgegen. Zum ersten Mal überquerte er die Türschwelle nicht im Rollstuhl. Welch herrliches Gefühl! Trotzdem fühlte er die Anstrengung des Tages. Er wollte sich lediglich einige Minuten auf seinem Bett niederlassen, schlief jedoch sofort ein.
Als er erwachte, stand jemand in seinem Zimmer: Verena.
»Sie machen ja den Tag zur Nacht. Es ist bereits Zeit zum Abendessen. Ich habe mich erboten, Sie abzuholen.«
»O weh. Ich werde mich beeilen.«
Verena schaute ihn einen Augenblick nachdenklich an, dann verschwand sie wieder.

Bertram war es unangenehm, von Verena im Schlaf beobachtet worden zu sein. Sie hat nicht angeklopft, das hätte ich gehört. Was verspricht sie sich nur davon ... Er war nicht gewillt, weiter über Verena nachzudenken und wollte die anderen nicht warten lassen. Schnell schlüpfte er in einen anderen Anzug, er hatte ihn in Karlsbad anfertigen lassen, da seine bisherige Garderobe ihm noch immer zu weit war. Ich werde wohl einige Kilo zulegen müssen, amüsierte er sich. Und plötzlich verspürte er großes Verlangen nach der ländliche Kost.
Dr. Nolding, der am folgenden Nachmittag mit seiner Frau auf dem Gestüt eintraf, bot Bertram an, solange hier zu bleiben wie es ihm beliebe.
»Sie werden doch nicht etwa wieder in ein Flugzeug steigen?«, fragte er.
»Ich weiß es noch nicht. Das liegt nicht allein an mir.«
»Auf keinen Fall dürfen Sie das«, mischte sich Verena ein. »Man müsste ja ständig in Angst und Sorge um Sie sein.«
»Seit wann macht dir denn etwas Angst, mein liebes Töchterlein?«, zog sie ihr Vater auf.
Verena wehrte ab. »Wir haben ja alle erlebt, was bei solch einer Tollkühnheit rauskommt.« Dann lenkte sie das Gespräch schnell in andere Bahnen.
Bertram überlegte, ob ihre Worte tatsächlich ernst gemeint waren. Es tat ihm gut, jemand hier zu wissen, der sich um ihn sorgt. Er sollte sich bald überlegen, wie er sein weiteres Leben gestaltet.
Bertram hatte keine Ahnung, dass sich ein reger

Telefonverkehr zwischen seinem Bruder und Karl von Baldaus anbahnte. Die Idee stammte von Veronica.
»Dein Bruder wird sich hier bald langweilen. Ich habe das so im Gefühl«, sagte sie eines Abends bei einem Spaziergang durch die Heide.
»Ich habe auch darüber nachgedacht. Außer den Pferden gibt es hier nichts, was ihn interessieren könnte.«
»Etwas gibt es vielleicht – aber das muss noch wachsen.«
»Was meinst du damit?«, fragte Wolfram erstaunt.
»Hast du wirklich nichts bemerkt?«
»Was soll ich denn bemerkt haben?«
»Ja, ja, ihr Männer. Also: Ich glaube, zwischen deinem Bruder und Verena spinnt sich etwas an.«
Wolfram staunte ehrlich: »Ich habe zwar Verenas flirten bemerkt, aber von Seiten Bertrams . . . Du wirst dich täuschen.«
»Bestimmt nicht. Außerdem hat mir Verena so einige Andeutungen gemacht.«
»Das hätte ich Bertram wahrlich nicht zugetraut. Kommt hierher und macht einer Tochter des Hauses schöne Augen.«
»Was hast du denn auf einmal? Er hat das bestimmt nicht provoziert. Ich denke mir, alles geht von Verena aus. Weshalb war sie sonst so lange in Karlsbad? Aber dein Bruder hat es dort möglicherweise noch nicht so richtig wahrgenommen.«
»Das glaube mal nicht. Bertram hat da so seine Erfahrungen.«

Wolfram dachte an Christina Preterborn. Es war ihm noch immer ein Rätsel, wie der Bruder zu ihr gefunden hatte. Aber jetzt kränkte es ihn nicht mehr. Es hatte einfach so kommen sollen, mit Veronica war er glücklich.
Den Vorschlag seiner Braut, Bertrams Freund von der guten Konstellation des Bruders zu unterrichten, fand er sehr gut.
»Vielleicht weiß er eine annehmbare Tätigkeit für ihn«, antwortete er.
Dann fragte er plötzlich: »Sag mal, mein Liebes, wann gedenkst du eigentlich mich zu heiraten?«
Veronica blickte ihn belustigt an: »Danach hast du mich noch nicht gefragt. Außerdem liegt es wohl an dir, den Hochzeitstermin auszusuchen.«
»Dann warten wir nicht mehr lange. Wenn der Sommer beginnt ... «
Veronica ließ ihn den Satz nicht zu Ende sprechen. Sie küsste ihn leidenschaftlich. Endlich hatte sich der bedächtige Wolfram zu dieser Frage durchgerungen.
Bertram freute sich sehr, als er von der bevorstehenden Hochzeit erfuhr. Gleichzeitig fiel ihm ein, dass die beiden seine Zimmer im Verwalterhaus benötigen würden, denn die Eltern wollten gewiss ihre Räume behalten. Auch Verena würde ihr kleines Reich hier nicht einfach aufgeben.
Es soll wohl so sein, sann er, ich bin jetzt kräftig genug und muss endlich wieder aktiv werden. Am besten, ich fahre in den nächsten Tagen in meine Wohnung. Von dort aus kann ich mich besser umhören, wo man mich vielleicht noch brauchen könnte.

Er war zufrieden mit diesem Vorhaben, es kam eine herrliche Ruhe über ihn. Warum habe ich nicht eher daran gedacht? Oder habe ich einen Entschluss unbewusst hinausgezögert? Hat es mit Verena zu tun? Wie wird sie es aufnehmen, wenn ich davongehe? Nein, hier bleiben kann ich nicht mehr. Ich muss wieder etwas leisten. Und wenn sie mitkäme? Wird sie das wollen? In seiner beengten Wohnung leben, die verwöhnte Tochter des Dr. Nolding?

Nun, später könnte man sich eine größere Wohnung leisten; das mit Christina besichtigte Haus kommt nicht infrage, außerdem hatte er das dafür vorgesehene Geld seiner Genesung geopfert.

Aber vorher musste er eine neue Tätigkeit finden. Am liebsten würde er wieder als Testflieger gehen, trotz allem.

Und noch etwas hielt ihn gegenüber Verena zurück. Sollte er sie in die Wohnung mitnehmen, in der er mit Christina glücklich war? Alles dort wird ihn an sie erinnern. Nein, das war nicht der Platz für Verena. Er würde sich eine andere Bleibe suchen und dann ...

Aber irgendwie konnte er sich ein Zusammenleben mit ihr nicht vorstellen. Ich bin noch immer im Herzen nicht fertig mit Christina, resümierte er.

Am folgenden Morgen schien frühzeitig die Sonne von einem strahlendblauen Himmel, der nur mit winzigen weißen Wölkchen etwas Abwechselung in dieses Blau brachte. Bertram beschloss, einen Spaziergang zu unternehmen, und zwar allein. Als er sich gerade aus dem Gestüt schleichen wollte, entdeckte ihn Veronica Nolding.

»Wohin treibt es Sie denn schon in aller Herrgottsfrühe?«, rief sie ihm von weitem zu.
»Ich wollte heute mal nur mit meinen Gedanken spazieren gehen«, antwortete er aufrichtig.
»Das verstehe ich. Könnten Sie trotzdem in einer Stunde zurück sein?«
»Warum?«
Veronica schaute ihn verunsichert an: »Eigentlich dürfte ich es Ihnen nicht sagen, Wolfram freut sich so sehr auf Ihr erstauntes Gesicht. Versprechen Sie mir, sich nichts anmerken zu lassen?«
»Das verspreche ich gern; es scheint etwas Schönes zu sein.«
»Bestimmt. In etwa einer Stunde trifft Ihr Freund hier ein.«
Bertram starrte sie an. Darauf fragte er zögernd: »Stimmt das wirklich?«
»Habe ich Sie schon einmal belogen?«
Er freute sich riesig.
»Das geht doch bestimmt auf Ihr Konto, meine hübsche baldige Schwägerin.«
»Mehr auf das Konto Ihres Bruders...«
»Wie ist er darauf gekommen?«
»Also, jetzt beantworte ich keinerlei Fragen mehr. Sonst sind Sie nachher überhaupt nicht erstaunt.«
Veronica drehte sich um und verschwand in den Ställen.
Bertram war schon lange wieder zurück, als er das Auto des Freundes in den großen Hof fahren sah. Beim Spaziergang hatte er immer wieder überlegt, welche Möglichkeiten einer neuen Tätigkeit er mit

Karl erörtert sollte. Am liebsten wäre er ihm sofort entgegengeeilt, doch er durfte Wolfram und Veronica nicht enttäuschen.

Er spielte den Überraschten vollendet, und Veronica warf ihm einen dankbaren Blick zu. Karl war erfreut von Bertrams gesundem Aussehen und noch mehr von seinem schnellen Gang.

»Das habe ich mir nicht träumen lassen«, begrüßte er Bertram. »Da brauche ich ja nicht behutsam vorzufühlen, ob du wieder bei uns einsteigen willst. Mir wurde ausdrücklich befohlen, recht bedacht vorzugehen und das Anliegen unseres obersten Chefs nur vorzubringen, wenn du es wagen könntest, schon darüber nachzudenken.«

Bertram war sich über das Anliegen sofort im klaren.

»Natürlich nehme ich an«, lachte er und fühlte sich wie befreit.

Alle freuten sich für ihn, nur Verena Nolding hielt sich zurück. Sie konnte nicht begreifen, dass er wieder Flugzeuge testen wollte und fühlte sich hintergangen. Bertram merkte es nicht.

Jetzt wurde ihm klar, wie voreilig es von ihm gewesen war, Christina diesen verdammten Brief zu schreiben. Doch das ließ sich nicht mehr ändern. Sie wird mit ihrem Mann eine gute Ehe führen, versuchte er sich einzureden.

Inzwischen war mehr als ein Jahr vergangen. Wie im Sommer vorher verbrannte das Getreide auf den Feldern. Es fiel kein Regen. Selbst den Piloten machte die Hitze zu schaffen, das Flugfeld flimmerte, der Arzt überwachte streng deren Kreislauf. Mit Bertram von Rutenfeld war er nicht sonderlich zufrieden.

»Das sind Nachwirkungen Ihres Absturzes, aber den anderen geht es auch nicht besonders gut. Sie sollten ihre jetzt anfallenden freien Tage zur Erholung nutzen, etwas völlig anderes machen.«

»Das habe ich auch vor. Bei meinem Bruder ist Kindtaufe.«

»Na, still wird es da nicht zugehen, aber aus dem Alltag reißt Sie eine solche Feier auf jeden Fall heraus.«

Bertram würde der Patenonkel des kleinen Florian sein; er war stolz darauf, dass sich Veronica und Wolfram für ihn entschieden hatten. Die andere Patin war Verena Nolding.

Als seine Gedanken bei Verena weilten, wurde er unruhig. Er ahnte, dass sie auf seine Erklärung wartet. Schon bei Wolframs Hochzeit wäre es beinahe zu einem Verlöbnis gekommen. Aber Bertram stellte sich blind; er wollte erst eine neue Wohnung finden. Doch er bemühte sich nicht ernsthaft darum, seine Fliegerei nahm ihn voll in Anspruch.

Es war durchaus nicht so, dass er sich einfach wieder in ein Flugzeug setzen und aufsteigen konnte. Inzwischen hatten die Konstrukteure neue Ideen eingebracht, manche Instrumente kannte er noch nicht.

Auch seine Beine bereiteten ihn des öfteren Probleme, vor allem bei Überanstrengung.
Darüber sprach er selbst mit seinem Freund Karl nicht, er wollte wieder der Alte sein. Mit viel Training und seinem starken Willen schaffte er es. Und nun hatte er sogar ein anderes Haus entdeckt, das zum Verkauf angeboten wurde. Ihm gefiel es, Verena könnte sich dort wohlfühlen.
Zur Taufe waren derart viele Gäste geladen, dass Bertram seine Teilnahme fast bereute. Bis auf die Zeremonie in der Kirche verlief die Feier voller Getöse und Hektik. Die italienische Verwandtschaft der Frau Nolding war ohne Ankündigung mit Kind und Kegel angereist und stellte Wolfram und Veronica Rutenfeld vor schwer zu lösende Probleme, zumal sich ihnen auch der Cousin angeschlossen hatte, dem Verena damals ihr Herz schenkte. Er verhielt sich, als hätte es keine Trennung gegeben und machte ihr erneut den Hof.
Bertram ärgerte sich. Verena verhielt sich seiner Meinung nach nicht distanziert genug. Er versuchte, die beiden nicht zu beachten.
Verena Nolding legte das als Desinteresse aus und begann nun ebenfalls, mit ihrem Cousin zu flirten. Vielleicht wird Bertram endlich eifersüchtig, wünschte sie sich. Doch sie bewirkte genau das Gegenteil. Bertram widmete sich den anderen Gästen und kümmerte sich nicht mehr um sie. Später, als Verena ihn zu suchen begann, hatte er sich schon in sein Gästezimmer zurückgezogen. Am nächsten Morgen brach er sofort nach dem Frühstück auf.

»Ich konnte mir nicht länger frei nehmen«, entschuldigte er sich bei Wolfram.
»Schade. Aber die Hauptsache ist, du konntest an Florians Taufe teilnehmen.«
Veronica allerdings sah ihn skeptisch an, sie ahnte den Grund seiner schnellen Abreise.
So kam es, dass Bertram viel zu schnell wieder in seiner Wohnung war und ernsthaft überlegte, ob er das Haus tatsächlich kaufen solle.
Auch in Matzinnendorf stand die Sonne glühend über dem hügeligen Land.
Auf dem Rittergut schien alles Leben erstorben zu sein. Christina lag in ihrem abgedunkelten Schlafzimmer und wollte den versäumten Schlaf der vergangenen Nacht nachholen. Aber sie fand keine Ruhe. Es wird an der Schwüle liegen, bestimmt gibt es bald ein Gewitter. Schließlich schaute sie nach Antonia. Das Kind schlief tief; ihm schien die Hitze nichts anzuhaben.
Sie schloss leise die Tür und ging in die Bibliothek hinunter. Doch das Lesen machte ihr heute keine Freude. Ihr Kopf schmerzte. Aber sie hatte bei der gestrigen Geburtstagsfeier ihres Vaters kaum etwas getrunken, das konnte also nicht die Ursache sein. Also doch ein bevorstehendes Gewitter, ich war schon immer wetterfühlig, dachte sie.
Bald zogen beängstigende Wolken heran, und in der Ferne war dumpfes Grollen zu hören. Hoffentlich kommt Johannes rechtzeitig zurück. Ausgerechnet heute musste er einen Termin in einem weitentfernten Dorf wahrnehmen. Die Landstraße dorthin war

schlecht und hatte viele Kurven, bei Regen war sie gefährlich, zumal sie kilometerweit durch einsames Waldgelände führte.
So recht konnte sich Christina ihre Unruhe nicht erklären; sie schritt die Treppe wieder empor und schaute nochmals nach Antonia. In diesem Augenblick zuckten die ersten Blitze am Himmel, der Donner ließ noch auf sich warten. Wie in ihrer Kindheit zählte Christina die Sekunden zwischen Blitz und Donner, um festzustellen, wie weit entfernt die Einschläge sein könnten.
Dann kam Sturm auf, Helligkeit und lautes Getöse folgten kurz nacheinander, der Regen prasselte derart gegen die Scheiben, dass sie sich schnell entschloss, in allen Zimmern nachzusehen, ob die Fenster auch geschlossen sind.
Als sie zurückkam, war Antonia aufgewacht. Das Kind hatte keine Angst. Christina ihrerseits bemühte sich, ihr Erschrecken bei jedem neuen Blitzschlag nicht zu zeigen. Wo wird Johannes jetzt sein? Bestimmt wartet er das Unwetter bei seinem Klienten ab. Er ist ein so vernünftiger Mensch, ich brauche mir keine Sorgen zu machen, sagte sie sich.
Plötzlich krachte es im Park, von der alten Kastanie bahnten sich dicke Äste den Weg zu Boden. Wenige Minuten danach zog das Gewitter weiter. Sturm und Regen ließen nach. Aber sie hatten ein Bild der Verwüstung hinterlassen. Die Parkwege lagen voller Äste, Zweige und Blätter. Meine Blumen, durchfuhr es Christina. Ich muss unbedingt in den Garten laufen.

Sie brachte Antonia zur Haushälterin in die Küche, zog sich ihre dicke Wetterjacke über und rief nach Inga. Doch vor der Tür blieb die Hündin stehen, sie wollte nicht hinaus in diese Nässe. Wider Willen amüsierte sich Christina darüber.
Als sie die ersten Rabatten erreichte, stellte sie zu ihrer Erleichterung fest, der Schaden war nicht zu groß. Viele Blüten hatte es zwar regelrecht zerfetzt, doch die Knospen würden nachwachsen, entwurzelt hatte es weder Pflanzen noch Sträucher. Allerdings sahen die Rosen arg mitgenommen aus, sie standen in einem Meer von Blütenblättern. Irgendwie erschien ihr das Ganze unwirklich – wie verwelkende Blüten nach einer Hochzeit oder nach einem Begräbnis. Christina ärgerte sich über diesen Vergleich und versuchte, auf andere Gedanken zu kommen.
Plötzlich nahm sie das Geräusch eines schnell fahrenden Autos wahr. Es hielt vor dem großen Eingangstor. Warum fährt Johannes nicht in den Hof?, überlegte sie und ging schnellen Schrittes den kleinen Weg entlang, der direkt vom Garten zum Tor führte. Doch es war nicht Johannes, der zum Herrenhaus eilte. Sie hatte Mühe, dem Mann zu folgen.
Die Haushälterin öffnete ihm, Christina erreichte ihn erst in der Eingangshalle. Er sah bleich und verschmutzt aus.
»Kommen Sie schnell mit«, wandte er sich an Christina, »ihr Mann hatte einen Unfall.«
»Wo ist er?«
»Ich habe ihn zum Stadtkrankenhaus gebracht.«
»O du mein Gott«, jammerte die Haushälterin und

hielt Antonia fest, die verwundert von einem zum anderen blickte.
»Was ist passiert?«, fragte Christina, ließ die Wetterjacke sinken und folgte dem Fremden.
Es war einer der Bauern aus dem Nachbardorf, den das Gewitter auf den Feldern überrascht hatte.
»Ich fand Ihren Mann genau an der Stelle der Landstraße, an der mein Feldweg mündet. Er muss gerade dort vorbeigekommen sein, als der Sturm die alte Fichte am Wegrand entwurzelte. Sie stürzte auf die Straße und traf das Auto Ihres Mannes.«
»Ist er schwer verwundet?«
»Ich will Ihnen nichts vormachen, ich glaube, es ist ernst.«
Christina starrte wortlos durch die Scheibe des Wagens. Hoffentlich fährt der Bauer bald etwas schneller, dachte sie.
Als hätte er ihren Wunsch erahnt, meinte dieser: »Die Straße ist sehr glitschig, ich muss aufpassen, dass es uns nicht auch erwischt.«
»Ja, natürlich.«
Dann fügte sie hinzu: »Verzeihen Sie, ich habe mich bei Ihnen nicht einmal bedankt. Ich bin so durcheinander.«
»Das ist verständlich. Mir geht es nicht anders; und Sie sind seine Frau.«
Dann sah er sie von der Seite an und meinte: »Sie sind noch so jung. Ihr Mann wird schon durchkommen.«
»Er muss durchkommen. Ich weiß gar nicht, wie ich Ihnen danken soll. Ohne Sie würde er jetzt bestimmt

noch in dem zertrümmerten Auto liegen.«
»Es war wie eine Vorsehung, dass mich das Gewitter überraschte. Ich dachte, ach, so schnell kommt das Wetter nicht über uns. Da hatte ich mich gründlich getäuscht. Es sollte wohl so sein.«
Wieder schwiegen sie; dann kam endlich das Krankenhaus in Sicht.
»Soll ich auf Sie warten?«, fragte der Bauer.
»Nein, nein, vielen Dank. Bestimmt bleibe ich länger hier. Mein Mann hat in der Stadt eine Kanzlei, dort könnte ich eventuell übernachten, oder einer der Mitarbeiter meines Vaters fährt mich nach Hause. Bitte, geben Sie mir Ihre Adresse, ich komme in den nächsten Tagen bei Ihnen vorbei und dann bedanke ich mich richtig.«
»Das ist wirklich nicht nötig. Ich habe gern geholfen.«
Schließlich gab er ihr doch seine Adresse, Christina ließ sich nicht abweisen.
Dann stürmte sie ins Krankenhaus. Hier erwartete man sie bereits. Eine Schwester führte sie zum Chefarzt. Dieser konnte sein Mitleid mit der jungen Frau kaum verbergen.
»Ihr Mann ist sehr schwer verwundet, Frau Notz. Er hat einen doppelten Schädelbruch erlitten und auch andere Verletzungen.«
»Hat er sehr starke Schmerzen?«
»Wir haben sie zu lindern versucht...«
Christina war einer Ohnmacht nahe. Nur jetzt nicht die Nerven verlieren, dachte sie und hielt sich an der Stuhllehne fest.

»Darf ich ihn sehen?«
»In etwa einer halben Stunde, der Oberarzt ist noch bei ihm. Vielleicht telefonieren Sie inzwischen nach Hause. Sie dürfen die Nacht bei ihm bleiben. Oder haben Sie andere Verpflichtungen?«
»Nein, nein, das kann ich alles regeln.«
Wie im Traum ließ sie sich erst mit der Haushälterin und dann mit ihrer Mutter verbinden.
Während Frau Moll einen gefassten Eindruck machte, jammerte Magdalena Preterborn so sehr, dass es Christina nicht mehr ertrug und den Hörer schnell auflegte.
Endlich durfte sie zu Johannes. Sie konnte nur seine geschlossenen Augen sehen und das leichte Heben und Senken der Brust wahrnehmen. Der Kopf war vollkommen verbunden, ein Arm gleichfalls.
»Johannes«, flüsterte sie.
Der Kranke zeigte keine Reaktion, auch als Christina über die Finger seiner intakten linken Hand strich, gab er kein Zeichen von sich, dass er sie wahrnehme.
Sie setzte sich auf einen Stuhl, den ihr die Schwester an das Bett gerückt hatte, und starrte diese aus brennenden, tränenlosen Augen an. Warum steht sie noch hier, und der Arzt auch...
Plötzlich beugte sich dieser über Johannes und warf der Schwester einen raschen Blick zu.
Bevor Christina begriff, sagte die Schwester leise: »Ihr Mann hat ausgelitten.«
Noch nach Wochen erinnerte sich Christina nicht, wie sie die ersten Formalitäten im Krankenhaus

erledigt hatte, wie sie in einem Krankenwagen nach Hause gefahren wurde.
Aber das Leben ging weiter; diese alte Redensart stimmte.
Bis zum Begräbnis hielt sich Christina einigermaßen auf den Beinen, nahm automatisch die Beileidsbekundungen entgegen und fiel nachts in einen ihr selbst unerklärlich tiefen Schlaf. Vielleicht half ihr das, die ersten Wochen durchzustehen.
Sie hatte Antonia einige Zeit zu ihrer Mutter gegeben, denn sie musste sich um den Nachlass von Johannes kümmern, mit dem Verwalter über die nächsten Arbeiten übereinkommen und all das erledigen, was Johannes im Rittergut angeregt und übernommen hatte. Ihr wäre die Arbeit schnell über den Kopf gewachsen, wenn der Verwalter nicht so tatkräftig geholfen hätte. Auch der alte Grundmann tauchte bald bei ihr auf.
»Ich übernehme den Garten«, sagte er, »solange die Beine und der Rücken mitmachen.«
Christina war erleichtert. Sie richtete ihm ein Gästezimmer her; so musste er nicht sein klappriges Fahrrad besteigen, um nach Hause zu kommen.
Antonia sagte zu ihm Großvater, so hatte er es gewollt. Die beiden waren ein Herz und eine Seele, und das Kind verbrachte viele Stunden mit ihm und Inga im Garten. Es lernte von ihm die Namen der Blumen und Bäume und vieles andere. Für Christina war es eine Wohltat, die Kleine wieder hier zu haben.
Sie ging fast täglich mit Antonia auf den nahegelege-

nen Friedhof, brachte Johannes stets frische Blumen mit und stand lange wie versunken vor seinem Grab. Sie wollte Abbitte leisten, dass sie ihn nicht so geliebt hatte, wie er es verdiente.

Und trotzdem haben wir eine vertrauensvolle Ehe geführt, stellte sie fest. Nie gab es Zwistigkeiten, jeder achtete den anderen, und für Antonia hätte sie sich keinen besseren Vater denken können. Ob er ihren Eltern die Herkunft des Kindes offenbart hatte? Sie wusste es nicht.

Da diese jedoch intensiv beklagten, dass das arme Kind nun keinen Vater mehr habe, nahm sie an, Johannes hat dieses Geheimnis mit ins Grab genommen. Vielleicht wollte er es so. Und dabei sollte es bleiben.

Antonia hatte den Verlust des Vaters bald überwunden, sie konnte das alles noch nicht begreifen. Sie war ein hübsches, fröhliches Kind.

Manchmal schaute die Mutter sie forschend an, Antonia kam ganz nach Bertram Rutenfeld. Sie hatte nicht nur die Farbe seiner tiefblauen Augen, sondern auch deren Schnitt. Am deutlichsten war die Ähnlichkeit des Mundes und der Mimik des Kindes.

Christina wurde deutlich, manchen Leuten aus Matzinnendorf müsste das gewiss auffallen. Aber es war ihr egal. Bertram – das war in einem anderen Leben.

Manchmal dachte sie, wie es ihm in seinem Rollstuhl ergehen möge. Ob er eine Frau gefunden hatte? Oder lebte er bei seinem Bruder? Sie hätte es gern gewusst, mehr nicht.

Aber hier gab es niemand, den sie nach dem Baron hätte fragen können. Wenn Martha noch leben würde...
Einzig und allein sein Bruder hätte ihr Auskunft geben können. Dessen Adresse hatte sie in den Unterlagen ihres Mannes gefunden.
Aber sie wagte es nicht, an ihn zu schreiben.

Bertram Baron Rutenfeld hatte zu seiner alten Leistungsfähigkeit zurückgefunden. Der Absturz lag wie in weiter Ferne, er gehörte wieder zu den tollkühnsten Fliegern.

An den Wochenenden traf er sich oft mit Verena, mal auf dem Gestüt, dann zu einem Kaffee oder einem Glas Wein in der Stadt. Zu sich lud er sie nicht ein. Er lebte noch immer Tür an Tür mit den anderen Fliegern. Allerdings hatten die meisten Freunde aus alten Tagen das Gebäude in der Nähe des Flugplatzes verlassen, sie waren inzwischen verheiratet, kauften sich Häuser. Mit der nachrückenden Generation kam er gleichfalls bestens aus, nichts drängte ihn umzuziehen.

Und doch sehnte er sich manchmal nach einem eigenen Heim mit Frau und Kindern. Dann wiederum sagte er sich, seine Tätigkeit sei viel zu gefährlich, um eine Familie zu gründen. Diese Skrupel teilten andere Piloten nicht, und sie waren glücklich.

»Sie schließen – für alle Fälle – eine gute Versicherung ab«, sagte ihm Karl von Baldaus. »Warum heiratest du Verena nicht?«

»Ich weiß nicht.«

»Denkst du noch immer an Christina Preterborn?«

»Manchmal.«

»Aber sie ist verheiratet. Das hat doch keinen Sinn.«

»Ich würde ihr gern sagen, wie das damals mit dem Brief war.«

»Und was würde das bringen? Vielleicht stürzt du sie damit in große Konflikte. Sie braucht ihre Ruhe genauso wie du.«

»Du hast ja Recht«, sagte Bertram resigniert. »Vielleicht sollte ich mit Verena darüber sprechen. Wenn sie es versteht, dann ... «

Bertram beschloss, dieses Vorhaben recht bald zu verwirklichen. Der Zufall kam ihm zu Hilfe. Schwägerin Veronica lud ihn telefonisch zum alljährlichen Reiterfest ein.

»Bitte, Bertram, wir erwarten dich unbedingt. Ich habe mir ausgerechnet, wann bei dir wieder einmal mehrere freie Tage anstehen müssten. Der Termin des Festes ist also nicht zufällig gewählt.«

»Du bist ja die reinste Erpresserin; aber ich werde kommen, und zwar sehr gern.«

Dieses Mal packte Bertram die Gelegenheit beim Schopfe. Mit Einbruch der Dunkelheit zog er sich mit Verena zurück. Sie gingen den Weg zur Koppel entlang und bogen dann in einen kaum sichtbaren Pfad ein, der zu einer mit wilden Rosen umgebenen Bank führte.

Bertram war aufgeregt, heute würde sich sein zukünftiges Leben entscheiden. Verena lächelte wissend. Endlich, dachte sie.

Bald sah sie ihn doch sehr erstaunt an. Sie hatte keine Ahnung von dem Mädchen aus seinem Dorf. Sie wollte seine Erzählung unterbrechen. Das ging sie nichts an, das war vorbei. Diese Christina hatte ihn verlassen, als er sehr krank war. Aber für sie, Verena, war genau das der Punkt, an dem ihre Liebe zu Bertram begann.

Aber er ließ sich nicht unterbrechen.

»Nein«, sagte er, »du sollst alles wissen, um mich zu

verstehen. Christina ist tatsächlich der Grund, warum ich dir so oft ausgewichen bin.«
Er malte ein ausführliches Bild von Christina Preterborn und bemerkte nicht, wie glühend er ihr Wesen beschrieb, ihre sanfte Schönheit. Und dann gestand er Verena den von ihm verfassten Brief, das Ende dieser Liebe.
Verena war wie benommen. Er liebt sie noch immer, dachte sie. Aber der Rückweg ist ihm verschlossen. Irgendwann wird er mich lieben. Aber jetzt? Soll sich eine Verena Nolding mit Halbheiten begnügen?
Als Bertram geendet hatte, stand bei ihr fest: Alles oder nichts. Das sagte sie ihm nicht so deutlich, aber sie bat um eine Bedenkzeit.
Bertram war erstaunt: »Ich dachte immer, du ... «
Sie legte ihm die Hand auf den Mund: «Ich muss deine Geschichte erst einmal überschlafen. Ich kannte ja den Grund deiner Zurückhaltung nicht.«
Bertram war enttäuscht, und doch fühlte er sich erleichtert.
Sie gingen zu den anderen zurück, wichen den fragenden Augen der Familienmitglieder aus und tanzten lange gemeinsam.
Verena verließ als erste das Fest, Veronica ahnte, dass es wieder einmal zu keiner Verlobung gekommen ist.
Als Bertram abfuhr, sagte Verena ihm, sie brauche noch etwas Zeit, sie werde sich melden.
Verena hatte einen Plan. Er war über sie gekommen wie eine fixe Idee, von der sie nicht lassen konnte. Am folgenden Wochenende setzte sie sich in ihr Auto und fuhr ihrem Ziel entgegen. Hoffentlich lässt

der Regen nach, dachte sie, bei Sonnenschein steigt meine Laune und auch meine Siegeszuversicht.

Als sie Matzinnendorf erreichte, zerteilten sich die Wolken und ließen das erste Blau hindurchschimmern. Sie steuerte sofort auf das Rittergut zu, musste lediglich einmal nach dem richtigen Weg fragen.

Die große Einfahrt stand offen, ansonsten lag Stille über Hof und Park. Verena schaute sich neugierig um.

Hier also war Bertram zu Hause gewesen. Schön ist es, hatte er nie Sehnsucht nach seiner Heimat? Darüber war kein Wort über seine Lippen gekommen.

Verena entdeckte keinen Menschen. Sollte sie im Herrenhaus nach Christina Notz fragen oder lieber nach ihrem Mann, dem Rechtsanwalt? Das gäbe einen besseren Vorwand für ihren Besuch, irgendwelche Erbauseinandersetzungen ließen sich schnell vortäuschen.

Doch sie verwarf das Versteckspiel. Sie würde der Frau Notz sagen, was sie hierher geführt hatte, dass sie die Braut von Baron Bertram sei und einmal seine Heimat kennen lernen wolle. Leider habe er keine Zeit zu dieser Fahrt gehabt. Ja, das würde gehen. Das war unverfänglich, auch dem Ehemann gegenüber, der bestimmt nichts von der einstigen Affäre seiner Frau ahnte.

Dann kam ihr die Idee, erst einmal den Park zu besichtigen. Das lag nahe. Man würde es verstehen. Verena kam bis zum Eingang des Gartens, aus dem herzliches Lachen eines Kindes drang, unterbrochen von freudigem Gebell eines Hundes. Entschlossen

trat sie ein, und ein Lächeln umschloss ihren Mund. Ein Kind hat diese Christina also auch, sie muss sich schnell getröstet haben. Dass es deren Kind ist, daran zweifelte Verena keine Sekunde.
Jetzt erblickte das kleine Mädchen sie und kam keineswegs scheu auf sie zu. Verena meinte zu träumen: Das war das genaue Ebenbild Bertrams! Nein, sie täuschte sich nicht, denn jetzt stand die Kleine direkt vor ihr und lächelte ihr mit dem gleichen Hochziehen des breiten Mundes zu, das sie gut kannte.
»Guten Tag, Tante, willst du zu meiner Mama?«, fragte Antonia.
»Ja.«
»Sie ist nicht zu Hause, sie ist mit Großvater in die Gärtnerei gefahren. Sie wollen viele schöne Blumen kaufen.«
»Das ist aber schade, ich habe nur wenig Zeit.«
»Du könntest hier mit mir warten.«
»Das geht nicht.«
Dann fragte Verena spontan: »Wie heißt du denn?«
»Antonia. Und du, Tante?«
Verena überhörte die Frage, drehte sich abrupt um und verließ fluchtartig den Garten. Nur schnell weg, dachte sie. Sie konnte jetzt dieser Christina nicht unter die Augen treten und deren Mann schon gar nicht.
Kurz vor Mitternacht erreichte sie das Gestüt. Sie warf sich aufs Bett und versank in Grübeln. Warum hat Bertram das Kind verschwiegen? Dachte er etwa, sie würde sich dann von ihm zurückziehen? Es ging ihr nicht um die Existenz dieses Kindes, es war sein

Betrug, der ihr zu schaffen machte. So wenig Vertrauen hat er also zu mir, auf einer Lüge wollte er sein Leben mit ihr aufbauen! Sie würde ihn zur Rede stellen, soll er nur kommen...

Am nächsten Tag entschied sie sich, sofort zu ihm zu fahren. Das war besser, hier konnte sie den forschenden Blicken Veronicas nicht entfliehen. Und sie war nicht sicher, ob sie die Schwester in ihre Probleme mit Bertram einweihen sollte.

Bertram war gerade von einem Flug zurückgekehrt, hatte sich frisch gemacht und wollte das kleine Restaurant aufsuchen, in dem die meisten Flieger das Abendessen einnahmen. Als es an der Tür schellte, lief er in Hemdsärmeln hinaus, in der Meinung, es sei einer seiner Freunde.

»Guten Tag, Verena«, sagte er überrascht.

»Darf ich hereinkommen?«

»Ja, bitte.«

Das klingt nicht sonderlich erfreut, stellte sie fest. Vielleicht schlägt sein Gewissen.

Dann ging sie mutig auf ihr Ziel los: »Du wirst dich über meinen Besuch wundern. Aber ich hätte gern gewusst, warum du mir dein Kind unterschlagen hast.«

Bertram starrte sie an, als käme sie aus einer anderen Welt: »Mein Kind?«

»Genau.«

»Wie kommst du nur auf so eine absurde Idee!«

»So absurd ist sie wohl nicht. Ich war in Matzinnendorf und habe Antonia gesehen.«

»Du warst in Matzinnendorf?«

»Ja. Das hast du wohl nicht erwartet?«
»Weiß Gott nicht. Aber warum?«
»Eigentlich wollte ich mir diese Christina ansehen. Sie war nicht zu Hause. Dafür habe ich die Bekanntschaft deiner Tochter gemacht.«
»Was redest du denn da, Verena. Von welcher Tochter sprichst du eigentlich...«
»Von deiner Tochter natürlich.«
»Ich habe keine Tochter.«
»Warum lügst du mich eigentlich an? Du könntest es doch zugeben. Oder ist dir das so peinlich?«
»Ich verstehe überhaupt nichts mehr...«
»Ich habe sofort gesehen, dass Antonia deine Tochter ist. Sie sieht dir derart ähnlich, ein Blinder würde es merken.«
Bertram blickte sie erneut fassungslos an: »Sie sieht mir ähnlich?«
»Wusstest du das nicht?«
»Nein.«
Bertrams Gedanken überschlugen sich. Aber das konnte doch nicht möglich sein! Hart packte er Verena am Arm: »Erzähle!«
Verena wurde unsicher, Bertram benahm sich so eigenartig. Sollte ihm diese Christina etwas verschwiegen haben?
»Erzähle endlich!«
Verena konnte seinen Blick nicht deuten, plötzlich beschlich sie Furcht. Schnell erklärte sie, warum sie nach Matzinnendorf gefahren war. Dann schilderte sie die Begegnung mit Antonia und wie sie fluchtartig das Rittergut verlassen hatte.

Bertram saß ganz still, sah sie mit großen Augen an:
»Du bist sicher, sie könnte meine Tochter sein?«
»Du hattest keine Ahnung davon?«
»Nein! Dann hätte ich doch diesen Brief nicht geschrieben!«
Er schrie die Worte heraus wie ein Ertrinkender.
Verena wusste nun, sie hatte einen Fehler begangen. Sie hätte alles auf sich beruhen lassen, ihm nichts von dem Kinde sagen sollen. Er wusste nichts von seiner Tochter! Nun war es zu spät. Er würde Antonia sehen wollen, zu Christina fahren. Vielleicht würde ihr Mann die Scheidung einreichen.
Sie stand aus ihrem Sessel auf: »Ich werde jetzt gehen.«
Bertram sagte kein Wort, machte keine Anstalten, sie zurückzuhalten, begleitete sie nicht zur Tür. Er blieb wie erstarrt sitzen, wollte das Gehörte nicht glauben. Verena muss sich getäuscht haben. Das hätte mir Christina nicht verschwiegen. Oder doch?
Gegen Mitternacht rannte Bertram zu Karl. Dieser war eben zu Bett gegangen, als es Sturm läutete. Da wird sich wohl etwas am morgigen Flugplan geändert haben, dachte er und öffnete missmutig die Tür.
Vor ihm stand sein völlig in Panik geratener Freund. Das Haar hing ihm wirr in die Stirn, nicht mal eine Jacke hatte er übergezogen.
»Es ist etwas Schreckliches passiert!«
»Um Gottes Willen! Aber komm doch erst mal herein.«
Er drückte Bertram auf den erstbesten Stuhl und

goss zwei Gläser Kognak ein. Bertram stürzte das Glas mit einem Schluck hinunter.
Dann sagte er: »Ich habe eine Tochter.«
»Wie kommst du denn darauf?«
Karl glaubte ihm kein Wort.
Erst nachdem er Satz für Satz von Verenas Bericht aus Bertrams Kehle im wahrsten Sinne des Wortes herausgeholt hatte, konnte er die Verstörtheit des Freundes begreifen.
»Aber es ist doch überhaupt nicht bewiesen, dass Verena Recht hat.«
»Bewiesen nicht, aber ich fühle, dass es stimmt. Verena hat keinen Grund, zu einer derartigen Lüge zu greifen. Was bin ich nur für ein Schuft!«
Bertram hörte nicht auf, sich selbst zu zerfleischen.
Schließlich schlug Karl mit der Faust auf den Tisch: »Jetzt reicht es mir aber. Benimm dich nicht wie ein Jammerlappen!«
Das wirkte. Bis gegen Morgen beratschlagten sie, was man tun könnte. Dann schlief Bertram auf dem Sofa des Freundes ein. Dieser ging zum Chefkonstrukteur und erhielt von ihm für sich und Bertram Rutenfeld die Zusage, einige Tage Urlaub nehmen zu dürfen.
Sie brachen am späten Nachmittag auf und übernachteten in einem Landhotel in der Nähe von Matzinnendorf. Nach dem Frühstück machte sich Karl auf den Weg zum Rittergut. Bertram blieb voller Unruhe im Hotel zurück. Der Freund hatte sich verbeten, dass er ihn begleitet.
»Du bist möglicherweise nicht Herr deiner Sinne,

wenn du Antonia siehst«, hatte Karl gesagt. »Wir bleiben bei unserer Abmachung.«
Bertram ärgerte sich, dass er dem Freund diese Begegnung überlassen sollte. Er brauchte keinen Fürsprecher! Einzig und allein der Gedanke, Christinas Ehe könnte unter seinem Erscheinen leiden, ließen ihn sich der Idee Karls beugen.
Der Freund wollte Christina Notz und ihren Mann aufsuchen. Erklären würde er den Besuch mit einer Angelegenheit, die ihn hier in die Nähe geführt habe. Was läge da näher, als einen Abstecher zum Rittergut zu machen und dem Hausherrn Grüße von Baron Wolfram zu überbringen. Alles andere würde sich dann ergeben. Wie zufällig würde er Bertram erwähnen und sich dann über das Leben in Matzinnendorf erkundigen. Es müsste mit dem Teufel zugehen, wenn er das kleine Mädchen nicht zu Gesicht bekäme. In dem Falle wollte er mit Bertram weiter beratschlagen.
Wie Verena ließ er das Auto vor dem Tor stehen und ging zu Fuß zu der großen Freitreppe, die zur Eingangshalle des Herrenhauses führte, wie er es von seinem letzten Besuch bei den Rutenfelds kannte.
Ein junges Dienstmädchen empfing ihn und geleitete ihn ins Besuchszimmer: »Frau Notz wird sogleich erscheinen.«
Auf seine Frage nach dem Hausherrn war sie nicht eingegangen.
Christina trug ein luftiges, schwarzes Kleid. Dem Besucher kam keine Idee, dass sie in Trauer sein könnte. Er richtete alle Aufmerksamkeit auf ihr hel-

les Haar, die großen Augen und den gesunden Teint. Mein Gott, wie schön diese Frau ist! Bertram musste damals völlig am Boden gewesen sein. Und er, Karl, hatte ihm auch noch bei dem verwünschten Abschiedsbrief geholfen!
Christina ahnte, dass Karl von Baldaus noch immer der beste Freund Bertrams ist. Ihr Herz klopfte bis zum Hals. Was mochte er von ihr wollen?
»Entschuldigen Sie, Frau Notz, ich hatte hier in der Nähe zu tun und wollte Ihrem Mann beste Grüße von seinem ehemaligen Verwalter, Wolfram Baron Rutenfeld überbringen.«
Sie durchschaute ihn. Baron Wolfram hätte ihn nie mit einem derartigen Auftrag hierher geschickt. Aber Bertram...
»Mein Mann ist nicht mehr am Leben.«
Karl war es, als hätte er einen Schlag vor den Kopf bekommen.
Das hatten sie nicht vorausgesehen, die Frau ihm gegenüber war Witwe.
Christina erhob sich: »Damit hat sich Ihr Auftrag wohl erledigt, Herr von Baldaus.«
Nein, sagte er sich, auch wenn ihre Worte einem Rausschmiss gleichkamen, er musste die Wahrheit über sein Hiersein bekennen. Egal, wie sie es aufnimmt. Das war er Bertram schuldig.
»Bitte, werfen Sie mich nicht hinaus. Das mit den Grüßen war nur ein Vorwand. Wir ahnten nichts vom Tode ihres Mannes.«
Ich habe es ihm sofort angesehen, dachte sie und ließ sich schwer in ihren Sessel fallen.

»Und was ist nun Ihr eigentliches Anliegen?«
Die Worte kamen ihr hart über die Lippen, sie bemerkte es nicht einmal.
Er ließ sich nicht einschüchtern und beschloss, sie einfach zu überrumpeln.
»Das Anliegen ist Antonia.«
Darauf war Christina nicht gefasst, sie wurde blass, starrte den Besucher verwirrt an: »Antonia?«
»Ja, Ihre und Bertrams Tochter.«
Christina konnte nichts erwidern, sie war so überrascht und unendlich verzagt.
»Eine Bekannte hat Ihre Tochter kürzlich gesehen«, fuhr er unbeirrt fort. »Sie hat die Ähnlichkeit sofort erkannt. Bertram weiß erst seit gestern davon. Er wartet im Landhotel ›Zur Mühle‹.«
»Es ist meine Tochter«, fuhr Christina auf. Es kam wie ein Hilfeschrei über ihre Lippen.
Karl konnte ihre Reaktion durchaus verstehen, aber jetzt focht er auch um Wiedergutmachung, denn er hatte damals den Brief nicht nur nach Bertrams Diktat zu Papier gebracht, er hatte ihm auch dazu geraten.
»Bitte, Frau Notz, Bertram will Ihnen die Tochter nicht nehmen, er möchte sie lediglich einmal sehen. Ist das zuviel verlangt?«
»Nein.«
Christina war sich nicht bewusst, dass sie mit diesem Nein Bertrams Vaterschaft bestätigte.
Ihre Gedanken kreisten um Antonia. Wie würde das Kind plötzlich einen neuen Vater aufnehmen? Wie sollte sie Antonia darauf vorbereiten? Oder wäre es

am besten, ihr nichts zu sagen? Einfach eine Begegnung herbeiführen – und das war es dann? Und sie selbst, wollte sie ihn wiedersehen? Christina wusste es nicht.
Der Gast wollte ihr Zeit lassen. Von ihrer Entscheidung würde für Bertram viel zu viel abhängen, als dass er sie jetzt zu einem Vorschlag drängte, der auf einer Zusage aus dem Augenblick heraus basierte. Ihm war klar, der Freund wird mit seinem Verhalten unzufrieden sein, aber die junge Frau musste das Gehörte erst begreifen. Dann würde sie ohne Zwang einem Wiedersehen mit Bertram bestimmt zustimmen.
Er erhob sich und reichte ihr die Hand: »Danke. Ich komme morgen noch einmal zu Ihnen.«
Als er über den Hof ging, kam ihm ein Hund bellend entgegen und dahinter rannte ein kleines Mädchen. Das kann nur Antonia sein, durchfuhr es ihn. Dann werde ich sie also doch noch sehen. Eine derartige Bitte hatte er gegenüber Christina nicht geäußert, er schob diesen Auftrag Bertrams in letzter Minute beiseite. Es wäre zu aufdringlich gewesen.
»Inga, komm her!«, tönte es jetzt an sein Ohr. »Du sollst doch nicht andere Menschen anbellen.«
Dann stand Antonia vor ihm: »Inga ist sehr lieb, auch wenn sie bellt.«
»Guten Tag, Antonia«, sagte er automatisch, verblüfft von dem lächelnden Gesicht des Kindes, das auch ohne Christinas ungewolltem Eingeständnis alle Zweifel beseitigte.
Ja, Bertram hatte eine Tochter! Und wie süß die Klei-

ne ist. Karl hätte sie am liebsten auf den Arm genommen und durch die Gegend geschwenkt.
»Hast du Angst vor Hunden?«
Er lachte: »Aber nein, meine Dame.«
»Ich bin keine Dame, ich bin ein Kind!« Antonia schaute ihn entrüstet an.
Schlagfertig ist sie auch, dachte er, ganz wie der Vater!
»Da hast du natürlich Recht. Gehört der Hund dir?«
»Eigentlich gehört er Mama, Papa hat ihn geschenkt. Aber jetzt ist Inga immer bei mir.«
In diesem Moment kam ihm die Erkenntnis, wie kompliziert es für die Kleine wird, wenn plötzlich ein neuer Papa auftaucht. Er musste Bertram vor einer Unvorsichtigkeit bewahren, dem Kind zuliebe. Freundlich verabschiedete er sich von Antonia und sagte ihr, dass er jetzt zu einem guten Freund fahren müsse.
»Kommst du wieder?«
»Ja, morgen.«
Karl war von Antonia bezaubert. Welch ein Glück hatte sich Bertram da entgehen lassen! Aber noch war es nicht zu spät, obwohl ... Er hatte Christinas Abwehr gespürt. Ob ihre Gefühle für Bertram inzwischen erkaltet waren? Ihr Verhalten ließ alles offen.
Christina saß noch immer im Besuchszimmer. Sie konnte keine Ordnung in ihre Gedanken bringen. Bertram wusste von Antonia? Aber wer war die Bekannte? Etwa die Dame, von der Antonia erzählt hatte, die so schnell weggegangen war? In welcher Beziehung stand sie zu der Familie der Rutenfelds?

Ob sie das hätte Herrn von Baldaus fragen sollen? Warum nur hatte sie das nicht wissen wollen? Und warum hatte sie sich nicht erkundigt, wie es Bertram geht? Wie hat er wohl in seinem Rollstuhl die lange Fahrt überstanden? Und wie wird er sich gefühlt haben, als ihm klar wurde, Antonia ist seine Tochter? Christina kamen die Tränen, sie tropften langsam auf die kostbare Seide. Wie anders hätte alles kommen können. Aber Bertram hatte sie nie richtig geliebt, nie so sehr wie sie ihn. Wenn sie an den Brief dachte, fühlte sie sich noch jetzt elend. Wie hätte sie sich nach seinem Unfall um ihn gekümmert! Sie wären in eine kleine Wohnung gezogen und trotz allem glücklich geworden.

Dann schalt sie sich ob dieser Gedanken. Nein, er war es nicht wert, dass sie ihm nachtrauerte. Er konnte Johannes nicht das Wasser reichen. Johannes hatte sie geliebt, bedingungslos, um ihrer selbst willen, auch wenn ihm ihr Herz nicht gehörte. Und Antonia – wie froh war er über die Geburt des kleinen Wesens gewesen. Wie hatte er ihr geholfen, um das Leid zu vergessen.

Und nun plötzlich wollte Bertram erscheinen. Warum? Das fragte sie sich wieder und wieder. Hatte er ein schlechtes Gewissen? Oder wollte er wirklich Antonia nur einmal sehen? Wenn sie das wüsste.

Ob er verheiratet war? Vielleicht hatte er eine gute Frau gefunden, der es nichts ausmachte, ihn im Rollstuhl zu wissen. Und vielleicht hatte er keine anderen Kinder, nur Antonia. Warum war diese Unbekannte nach Matzinnendorf gekommen? Morgen

also würde sein Freund noch einmal vorsprechen; dann musste sie Bertram eine Begegnung mit Antonia gewähren. Sie wollte ihm diesen Wunsch nicht versagen, aber sie selbst, sie würde auf keinen Fall dabei anwesend sein. Ja, so ist es richtig.
Diese Erkenntnis beruhigte sie etwas.
Als bald darauf Antonia in das Zimmer stürmte, sie dann allerdings zaghaft anschaute, weil sie den Schmerz der Mutter bemerkte, übermannten Christina wieder die Tränen. Ganz fest schloss sie das Kind in die Arme. Sie würde Antonia nichts sagen, alles dem Zufall überlassen.
Zu gleicher Zeit schrak Bertram bei jedem Auto, das in den Hof des kleinen Hotels einfuhr, auf und rannte zum Fenster. Ruhelos schritt er im Zimmer auf und ab, dann ging er in den Garten des Hotels und setzte sich so an eines der Tischchen, dass er alle Ankommenden sehen konnte. Er rechnete sich aus, wie lange Karl für den Weg brauchte, wie lange für das Gespräch mit Christina, für die Begegnung mit Antonia und die Rückfahrt.
Endlich kam der Freund. Bertram sprang auf und ging ihm entgegen.
»Hast du Antonia gesehen?«
»Ja.«
»Und?«
»Du musst dich gedulden. Ich brauche erst etwas zu trinken.«
Sie gingen zu Bertrams Platz. Als der Kellner den herrlich gekühlten Apfelwein gebracht hatte, hielt es der Baron nicht mehr aus: »Nun sprich endlich!«

Karl schaute ihn strahlend an: »Sie ist wahrhaftig deine Tochter.«
Obwohl er mit dieser Antwort gerechnet hatte, überwältigte ihn die Bestätigung des Freundes.
»Wie sieht sie aus?«, fragte er aufgeregt.
»Wie du, aber viel niedlicher.«
»Und Christina?«
»Sie ist noch immer wunderschön.«
Er fügte wie zu sich selbst hinzu: »Wenn ich geahnt hätte, was für eine liebenswerte Frau sie geworden ist – nie hätte ich für dich den Brief geschrieben.«
Nach diesen Worten blieben sie stumm. In Bertram regte sich plötzlich Eifersucht. Karl wird sich doch nicht in sie verliebt haben? Er hatte so einen schwärmerischen Ton an sich.
Karl ahnte Bertrams Gedanken. Genau das wollte er provozieren. Der Freund gehörte zu Christina und Antonia, nicht zu Verena. Er musste es so schnell wie möglich begreifen.
Bertram schämte sich seiner Gedanken.
»Bitte, Karl, erzähle mir alles ganz genau.«
»Das habe ich auch vor.«
Und er berichtete ausführlich von seinem Besuch bei Christina, sagte, dass ihr Mann nicht mehr am Leben sei, teilte ihm ihre Bedenken mit und erklärte, warum Bertram gegenüber Antonia unbedingt Zurückhaltung üben müsse.
Bertram gab sich ganz den Worten des Freundes hin. In ihm jubilierte es: Christina hatte einem Wiedersehen zugestimmt! Alles andere war Nebensache.
Dann stellte er eine Frage nach der anderen. Karl

musste jede Einzelheit nochmals genau erläutern. Bertram konnte nicht genug erfahren.

»Morgen komme ich mit. Ich kann nicht länger warten.«

»Das wirst du tunlichst unterlassen, deine Christina braucht noch Zeit.«

Hatte Karl ›deine Christina‹ gesagt? Aber das besagte noch lange nichts. Bertram wollte seine Angelegenheiten wieder selbst in die Hand nehmen. Trotzdem spürte er, der Freund hatte Recht. Für das Kind könnte ein neuer Vater ein Schock sein. Oder sollte er sich als ihr Onkel vorstellen? Nein, das wäre zu primitiv. Schließlich beugte er sich den Argumenten Karls.

Aber am nächsten Morgen war er davon nicht mehr überzeugt, ob es richtig sei. Kaum war der Freund abgefahren, bestellte er sich ein Mietauto. Ohne zu überlegen raste er ihm hinterher.

Karl von Baldaus war von Christina freundlich empfangen worden. Sie vereinbarten, Bertram könne seine Tochter am morgigen Samstag besuchen. Christina sagte nicht, dass sie zu diesem Zeitpunkt nicht im Rittergut sein werde. Dann fragte sie nach Bertrams Gesundheitszustand. Karl hielt sich zurück, sollte sie ruhig noch einen Tag an seine Hilflosigkeit glauben.

Christina begleitete ihm zum Eingangstor. Im Hof spielte Antonia mit Inga und kam schnell auf die beiden zu, als sie deren ansichtig wurde.

In diesem Moment raste das Auto durchs Tor, und Bertram stieg heraus.

Christina starrte auf ihn wie auf eine Erscheinung aus einer anderen Welt. Für einige Sekunden standen sie Auge in Auge.
Plötzlich stürmte der Hund auf Bertram zu und sprang vor Freude wieder und wieder an ihm hoch.
Antonia folgte ihrem Hund und fragte begeistert:
»Kennst du Inga?«
»Ja, ich kenne sie schon lange.«
»Dann bist du ein Freund von Mama?«
»Ja, Antonia.«
»Dann komm schnell.«
Sie legte ihre Hand in die seine und zog ihn zu ihrer Mutter, die einige Schritte zurückgewichen war.
»Christina...«
Bertram Rutenfeld war die Kehle wie zugeschnürt. Alle seine unterdrückten Gefühle stürzten ihn in einen Taumel aus Hilflosigkeit, Trauer, Glück.
Christina dachte nur eines: Er ist wieder gesund!
Dann umfassten sie zwei starke Arme.
»Alles wird gut«, flüsterte Bertram, «für uns – und unsere Tochter.«

In der Reihe

Erinnerungen der Gräfin Alma Katharine

erscheinen demnächst von Sabine S. Schreier
die Romane:

Drei Fotos aus der Vergangenheit
Die Rosarote Villa
Die verschwundenen Briefe

Bereits veröffentlicht:
Das Lilien-Ornament
ISBN 3-938635-00-2
Die Tochter des Sängers
ISBN 3-938635-01-0

In Vorbereitung:
Die überstürzte Flucht

Leseprobe aus
Sabine S. Schreier
Erinnerungen der Gräfin Alma Katharine
Die Rosarote Villa

Zu Hause herrschte allgemeine Aufregung. Bauer Thieme stand mit der Kutsche vor der Einfahrt zur Rosaroten Villa, wie das Doppelhaus im Städtchen genannt wurde, und sprach aufgeregt gestikulierend auf den Vater ein, der das anscheinend gleichmütig ertrug. Die Mutter schalt mit Bernhard, ihrem halbwüchsigen Sohn, der es sich auf dem Kutschbock gemütlich gemacht hatte und wenig Neigung zeigte, der Bitte der Mutter zu entsprechen und sofort herunterzukommen.

Als erster erblickte Fritz Polenz die Tochter. Er lächelte verschmitzt und sagte ruhig: »Da kommt Thea, ihr könnt euch also beruhigen.«

Noch vom Pferderücken aus rief Theodora den Wartenden zu: »Ich komme soeben vom Bahnhof. Der Herr Koslowski ist nicht angekommen.«

»Du wolltest doch mit der Kutsche fahren«, wandte die Mutter ein.

Das Mädchen gab dem Bruder, der in Windeseile seinen bisherigen Platz verlassen hatte, die Zügel von Annebella, wandte sich Bauer Thieme zu und bat: »Bitte, Herr Thieme, entschuldigen Sie, ich hatte mich verspätet und bin deshalb mit Annebella zum Bahnhof geritten. Zum Glück war Herr Koslowski nicht unter den Reisenden; wir können dann in aller

Ruhe zum nächsten Zug kutschieren.«
Bauer Thieme, meist verschlossen und griesgrämig, verzog seinen schmalen Mund ein wenig, sagte jedoch nichts. Theodora kannte den Alten allerdings genau und wusste, dieses leichte Mundverziehen bedeutete bei Thieme bereits ein Lächeln. Er war ihr also nicht gram und würde in zwei Stunden mit Pferd und Wagen wieder hier sein.
Anna Polenz konnte sich nicht genug wundern. Thieme, der sich über jede Kleinigkeit aufregte und dann in seiner Wortwahl nicht gerade fein war, ließ sich von Theodora regelrecht um den Finger wickeln. Was sie nicht ahnte, war die Tatsache, dass ihre Tochter hin und wieder während ihres Morgenrittes im Haus des Bauern einkehrte und mit ihm und seiner Frau ein kleines Schwätzchen machte.
Thieme rechnete das dem jungen Mädchen hoch an, zumal sich die übrige Familie von Glasbach ihm gegenüber sehr reserviert verhielt. Der Bauer kannte den Grund dafür und versuchte seinerseits ebenfalls, den Glasbachs aus dem Wege zu gehen. Erst als die älteste Tochter Anna diesen hergelaufenen Maler heiratete, wechselte sie hin und wieder mit ihm einige Worte.
Der Künstler setzte ihm solange zu, bis sich Thieme porträtieren ließ und auch nichts mehr dagegen hatte, wenn Fritz Polenz seine Staffelei irgendwo am Bauernhaus oder mitten in den Feldern aufstellte. Theodora war dem Bauer gegenüber unbefangen; sie ahnte nichts vom Gerede der Leute und freute sich, wenn sie mit dem Vater zum Bauernhof gehen durfte.

Die Thiemes hatten das Kind und später das junge Fräulein ins Herz geschlossen.
Jetzt schwang sich Thieme wieder auf seinen Kutschbock und trabte gemächlich der kleinen Brücke entgegen, die über den Fluss zur Hauptstraße führte, an der bereits sein Grund und Boden begann.
Theodora blieb noch einen Augenblick auf der mit großen Blumenkübeln bestückten Terrasse stehen und schaute dem Gefährt nach. Plötzlich bemerkte sie, dass sich jemand der Villa näherte. Es war der Matrose vom Bahnhof. Er schritt zielstrebig auf das Haus zu, öffnete die stets unverschlossene Eingangspforte und stand wenige Sekunden später Theodora gegenüber.
Diese völlig unbefangen musternd fragte er fröhlich: »Bitte, wohnen hier die beiden Damen Koslowski?«
»Ja, in der rechten Seite des Hauses«, antwortete das junge Mädchen automatisch.
»Danke sehr.«
Eine weitere Erklärung schien der Fremde nicht für nötig zu halten. Er betätigte sofort den Türklopfer von nebenan, sagte etwas, das Theodora nicht verstehen konnte, zum öffnenden Hausmädchen und verschwand mit diesem im Inneren des Gebäudes.
Theodora Polenz war sprachlos. Was wollte dieser Matrose bei den alten Damen? Nie hatten sie von einem Verwandten gesprochen, der zur See fährt. Sie erwarteten einen Herrn Wilko Koslowski aus dem deutschsprachigen Siebenbürgen in Rumänien. Dieser sei der spätere Erbe der rechten Seite der Rosaroten Villa.

Theodoras Eltern interessierte die Erbschaftsangelegenheit der Nachbarinnen wenig. Hatten sie doch selbst Probleme genug. Seit der Rückkehr nach Großberga sah es um die Finanzen der Familie Polenz keineswegs besser aus. Zwar reduzierten sich im Vergleich zu den Ausgaben in Dresden die Aufwendungen für den Haushalt und das Personal, jedoch waren für Fritz Polenz die Aussichten, ein Bild zu verkaufen, in dieser Kleinstadt weit geringer als in der sächsischen Landeshauptstadt. Außerdem fielen die Mieteinnahmen aus, die sie von einem älteren Herrn für einige Zimmer erhalten hatten. Diese Zimmer brauchten sie nun selbst, und Herr Richter verwirklichte endlich sein lang geplantes Vorhaben, zu seiner Tochter zu ziehen.

Da Fritz Polenz immer seltener malte und seine Zeit lieber in Gesellschaft unterschiedlichster Freunde verbrachte, wuchs der Schuldenberg beträchtlich. Die Rosarote Villa bot wenigstens mietfreies Wohnen, und vom ländlichen Großberga aus hatte man immerhin die Möglichkeit, in kurzer Zeit mit der Eisenbahn Dresden zu erreichen.

Was blieb Fritz Polenz auch anderes übrig, als den Vorschlag von Annas Bruder anzunehmen, der mehr einem Befehl gleichkam, und wieder an den Ausgangspunkt seiner Familiengründung zurückzukehren. Er wusste, dass seine Frau in den Künstlerkreisen, in denen er verkehrte, nicht Fuß fassen konnte und die Sehnsucht nach ihrem Heimatstädtchen wie eine zentnerschwere Bürde mit sich herumtrug. Selbst die Besuche bei der Schwester Hedwig, die

einen namhaften Architekten geheiratet hatte und in Dresden ohne Probleme heimisch geworden war, konnten Anna nicht trösten. Sie betrachtete den Lebenswandel ihres Mannes und dessen Schulden als Schmach und schien daran zu zerbrechen.
Als Bernd von Glasbach eingriff, war es fast zu spät. Anna Polenz kränkelte, musste längere Zeit in einem Sanatorium verbringen. Fritz Polenz stand diesem Verlauf der Dinge völlig hilflos gegenüber und ordnete sich schließlich den eingreifenden Maßnahmen von Annas Bruder unter. Zu diesem Zeitpunkt wurde ihm außerdem klar, dass er die Grenzen seines Talents erreicht hatte. Das machte ihn noch hilf- und haltloser.
Aber was sollte aus Anna, Theodora und Bernhard werden? Die Rückkehr nach Großberga schien ihm für diese Drei vernünftig, obwohl er vor allem in bezug auf die Tochter andere Pläne hegte. Doch er hatte dem Machtwort des Schwagers zugestimmt, und nun musste er sein Leben irgendwie wieder in den Griff bekommen.
Die andere Seite dieses Lebens, die Bestreitung des Unterhalts der Familie, interessierte Fritz Polenz weniger. Seine Frau hatte ein beträchtliches Erbe in die Ehe eingebracht, bestimmt gab es noch einige Mittel, um den gegenwärtigen Engpass – so bezeichnete er grundsätzlich seine Schulden – zu überwinden. Er konnte einfach nicht begreifen, dass er weit über seine Verhältnisse lebte.
Frau Anna machte ihm nie Vorhaltungen. Sie liebte diesen sensiblen Mann über alles. Er hatte auf sie

noch immer die betörende Ausstrahlung wie bei ihrer ersten Begegnung. Für ihn hätte sie sich als junges Mädchen mit der Familie fast überworfen. Damals wie heute verzieh sie ihm seine Leichtfertigkeit, wusste sie doch, dass er es nie böse meinte. Er war halt der große Junge geblieben – etwas lebensfremd und so anders als sie –, in den sie sich beim ersten Kennenlernen verliebt hatte.

Doch inzwischen ging es auch um die Zukunft und das Glück ihrer Kinder. Deshalb hatte sie den Bruder um Hilfe gebeten. Sie fühlte sich nun ihrem Mann gegenüber schuldig, obwohl ihr bewusst war, dass es keine andere Lösung gab. Vielleicht litt sie unter diesen Umständen auch jetzt in Großberga mehr als Fritz Polenz, der sich langsam in die veränderten Verhältnisse schickte.

Im Gegensatz zu den Eltern freuten sich Theodora und ihr Bruder Bernhard, an den Ort zurückzukehren, an dem sie zuletzt lediglich die Ferienzeit verbracht hatten. Im Nu waren sie wieder heimisch, erneuerten die alten Freundschaften und weinten dem Leben in der Großstadt keine Träne nach.

Leseprobe aus
Sabine S. Schreier
Erinnerungen der Gräfin Alma Katharine
Drei Fotos aus der Vergangenheit

Victoria Schubart hatte von ihrem Fenster aus einen wunderschönen Blick auf das Meer und den kleinen Hafen von Alicante. Sie musste nicht einmal auf den Balkon hinaustreten, um bis zum Horizont zu schauen. Trotzdem konnten sie der Sonnenschein, der wolkenlos blaue Himmel und das bunte Gewimmel der Menschen auf der Hafenpromenade nicht fröhlich stimmen. Sie war in diese Stadt im Südosten Spaniens gereist, um endlich Gewissheit zu erhalten. Mit ihren Nachforschungen wollte sie Licht in die Vergangenheit bringen.

Noch vor zwei Jahren wäre es ihr nicht in den Sinn gekommen, dass es in ihrer Familie etwas Geheimnisvolles gab, das man vor ihr verbarg.

Da sie – wie ihr Vater Norbert Schubart – Anfang des Monats August geboren worden war, feierte man alljährlich gemeinsam Geburtstag, mit allen Freunden, jung und alt. Bis Mitternacht gehörte das Fest auch damals ihr, Victoria. Dann stand der Vater im Mittelpunkt, ließ sich von den Wünschen der Gäste verwöhnen und blinzelte Victoria hin und wieder belustigt zu. Da wusste sie, dass ein Gast ihm Komplimente über die Tochter machte, die von Jahr zu Jahr schöner werde. Das hörte der Vater gern und am Frühstückstisch neckte er sie damit.

Der Morgen nach ihrem achtzehnten Geburtstag verlief anders. Der Vater war zwar freundlich wie immer, aber auffallend wortkarg, und die Mutter, Maria Schubart, schwieg fast völlig. Victoria nahm an, es gab zwischen den Eltern eine Auseinandersetzung; ließ diesen Gedanken jedoch wieder fallen, als sie bemerkte, wie sich die Eltern zulächelten. Dann musste die gedämpfte Stimmung entweder eine Folge des Schlafdefizits nach der Feier sein oder mit ihr zusammenhängen. Sie war sich weder einer Schuld noch eines Verstoßes gegen die Etikette bewusst, die eine solche Feier auf Schloss Winterfels, dem Stammsitz der Familie Schubart, erforderte.

Victoria hatte in diesem Jahr fast ununterbrochen getanzt, insbesondere mit den Söhnen befreundeter Familien und einigen jungen Männern, mit deren Vätern Norbert Schubart geschäftliche Verbindungen pflegte. Am nettesten fand sie Alfonso Frances, den seine Eltern zum ersten Mal zu einem Fest nach Winterfels mitgebracht hatten.

Julio Frances, Alfonsos Vater, stammte aus einer Madrider Diplomatenfamilie und war seit einigen Jahren an der spanischen Botschaft in Berlin tätig. Gemeinsam mit seiner temperamentvollen Frau Carolina gehörte er zu den gern gesehenen Gästen der Familie Schubart.

Das junge Mädchen wusste, Julio Frances hatte wesentlichen Anteil an den Kontakten ihres Vaters zu Vertretern der spanischen Wirtschaft und an dessen Bekanntschaft mit interessanten Persönlichkeiten dieses Landes.

Bei der Mutter bemerkte Victoria eine gewisse Reserviertheit im Umgang mit den Spaniern, machte sich darüber aber keine weiteren Gedanken. Um so erstaunter war sie, als die Mutter kurz vor Beendigung des Frühstücks bemerkte, sie wünsche nicht, dass ihre Tochter Alfonso Frances gegenüber den anderen jungen Männern ihres Bekanntenkreises so eindeutig bevorzuge.

Victoria verschlug es die Sprache. Sie hatte sich mit Alfonso sehr angeregt unterhalten und mit ihm vielleicht mehr gelacht als mit anderen, aber ihn bevorzugt, nein, das hatte sie gewiss nicht. Verständnislos schaute sie zum Vater, der ihr bei ungerechtfertigtem Tadel seitens der Mutter meist hilfreich zur Seite stand. Aber dieses Mal blickte er nicht zu ihr hin, schien sich keineswegs für die Worte der Mutter zu interessieren.

Da Victoria nicht wusste, was sie der Mutter erwidern sollte, fragte sie: »Und warum soll ich Alfonso nicht bevorzugen?«

Diese Frage schien bei der Mutter wie ein Blitz einzuschlagen. »Weil wir es nicht wünschen, wie ich schon sagte.«

Jetzt gebrauchte die Mutter das Wort ›wir‹, also hatte sie sich mit dem Vater abgestimmt, und dieser war der gleichen Meinung. Warum nur?

»Aber ihr seid doch mit Alfonsos Eltern befreundet«, wagte Victoria einzuwerfen.

»Trotzdem möchten wir, dass du unserer Bitte entsprichst«, sagte der Vater.

Als sich die Mutter kurzentschlossen erhob, blickte

Norbert Schubart zu Victoria, zögerte einen Moment und erklärte dann: »Wir haben gestern viel Lob darüber gehört, wie schön du geworden bist, Victoria. Natürlich freut uns das, aber gleichzeitig machen wir uns Sorgen, du könntest zu schnell dein Herz verlieren, ohne genauer abzuwägen. Alfonso Frances schien dir sehr den Hof zu machen. Du weißt, wir wollen nur dein Bestes. Deine Ausbildung in Genf ist noch nicht vollendet. In Anbetracht dessen, dass du einmal unsere Firma leiten sollst, möchten wir, dass es bei dem beschlossenen Studium bleibt.«
Victoria wunderte sich immer mehr. Es war eine ausgemachte Sache zwischen ihr und den Eltern, dass sie einmal studieren wird. Wie sollte ihr in den Sinn kommen, das plötzlich nicht mehr zu wollen!
Ihr war klar, es war der heimliche Kummer des Vaters, keinen Sohn zu haben, der einmal sein Erbe wird. Da Victoria intelligent und sehr am Geschehen in den Schubart-Werken interessiert war, gelangte der Vater schließlich zu der Überzeugung, eine Frau könnte auch in seine Fußtapfen treten.
Sah er das alles nun gefährdet? Sie konnte es nicht verstehen. Der Vater musste doch genau wissen, ein einmal von ihr gegebenes Wort galt. So war es in der Familie üblich. Oder wünschte sich der Vater einen Schwiegersohn, der seiner Tochter einmal tatkräftig zur Seite steht? Vielleicht mag er deshalb Alfonso Frances nicht.
Wie Victoria aus den Gesprächen mit diesem erfahren hatte, verspürte Alfonso keine Lust, wie sein Vater in den diplomatischen Dienst zu treten. Er

wollte an einer Kunstakademie Malerei studieren, vielleicht in Madrid, vielleicht in Berlin oder München. Die Malerei sei sein Lebenselixier, gestand er Victoria. Allerdings wären seine Eltern davon nicht begeistert. Sie drängten ihn zu einem juristischen Studium. Nach vielen harten Auseinandersetzungen habe er erwirkt, noch einige Monate Bedenkzeit zu erhalten.

Aus diesem Grunde war er nach Deutschland gekommen, um sich in Berlin und München mit den Gegebenheiten an den Hochschulen vertraut zu machen, wobei Alfonso danach Ausschau halten wollte, ob er die Juristerei irgendwie mit dem Studium der Schönen Künste verbinden könnte. Diesem Kompromiss würden die Eltern eventuell zustimmen. Außerdem waren sie der Meinung, er solle seine deutschen Sprachkenntnisse noch einige Zeit vervollkommnen.

Das hatte er Victoria bereits während des ersten Tanzes erzählt.

Dann sagte er: »Sie sehen überhaupt nicht aus wie ein deutsches Mädchen. Ob Sie es glauben oder nicht, Sie haben eine frappierende Ähnlichkeit mit einer jungen Spanierin.«

Victoria nahm diese Worte nicht ernst. Da trat Alfonso Frances kurz entschlossen mit ihr zu einem der Spiegel im Kleinen Salon.

»Meinen Maleraugen dürfen Sie durchaus trauen, Victoria. Schauen Sie sich einmal selbst in die Augen. Ein so tiefes, warmes Braun und dazu in jedem Auge einige helle Pünktchen, die man nur erkennt, wenn

man ganz tief hineinsieht – das habe ich bisher nur bei Ihnen und bei Belinda Jamis gesehen. Die Augenbrauen«, fuhr er schnell fort, »sind ebenso geschwungen und stark gezeichnet, nicht so hauchdünn. Auch Ihre kleinen Ohren haben die gleiche Form wie die Belindas. Nur der Mund mit den vollen Lippen, der ist anders, freundlicher. Ich glaube, Sie lachen gern.«
Victoria vertiefte sich nun auch in ihr Spiegelbild.
Da sprach Alfonso schon weiter. »Und Ihr wunderschönes schwarzes Haar, warum tragen sie es nicht offen?«
»Wie Belinda?«, entfuhr es Victoria.
»Ja«, sagte Alfonso sinnend und meinte urplötzlich: »Gehen wir schnell zurück in den Tanzsaal. Man spielt einen Walzer, und den tanzen Sie bestimmt gern.«
Victoria nickte zustimmend, und schon drehten sie sich wieder mit den anderen Paaren im Takt der Musik.
Alfonso brachte sie anschließend zurück zu einer Gruppe älterer Herrschaften, unter denen sich auch die Eltern der beiden jungen Leute befanden.
Während Victoria sofort von einem anderen jungen Mann um den nächsten Tanz gebeten wurde, blieb Alfonso bei dieser Gruppe und unterhielt sich angeregt mit Victorias Eltern.
Sie selbst ertappte sich dabei, dass sie während des Tanzes immer wieder einen kurzen Blick in einen der riesigen Spiegel warf, mit denen der Saal in reichlichem Maße ausgestattet war. Sah sie wirklich aus

wie eine Spanierin, wie diese Belinda? Alfonso Frances wird sich täuschen, vielleicht wollte er ihr nur etwas Nettes sagen. Aber so nett, dachte Victoria, war es auch nicht. Er schien jedenfalls von dieser Belinda sehr beeindruckt zu sein.

In der nächsten Tanzpause verließ Victoria den Festsaal und blieb vorerst in einem der kleineren Salons, die bei größeren Festlichkeiten überwiegend von den älteren Gästen zur Erneuerung alter Bekanntschaften und zu Gesprächen genutzt wurden, wohlversorgt von zahlreichen Kellnern, die ihr Vater stets bei der gleichen Firma mietete und auch persönlich aussuchte. Das war allgemein bekannt und unterstrich die Gediegenheit, die für Feste auf Schloss Winterfels selbstverständlich war.

Eigentlich sollte man Winterfels besser als komfortable Villa bezeichnen, gelegen auf einem stark bewaldeten Hügel mit Blick zum Großen Berliner Wannsee. Norbert Schubarts Großvater hatte diese in ziemlich vernachlässigtem Zustand von einem ehemaligen Schulfreund erworben, der seinen Erinnerungen an die Frau entfliehen wollte, die er sehr geliebt, die jedoch wenige Jahre nach der Heirat gestorben war.

Der Schulfreund hieß Alfred von Winterfels, und da dieser in glücklichen Zeiten immer von seinem Schloss gesprochen hatte, nannte man das Haus im Freundeskreis Schloss Winterfels. Norberts Großvater behielt diesen Namen bei und dessen Sohn auch. Nach umfänglichen Renovierungsarbeiten des Baues, der dabei seine ursprüngliche Schönheit wieder-

erlangte, ergab es sich wie von selbst, dass nun auch alle neuen Bekannten von Schloss Winterfels sprachen, wenn sie den Sitz des Besitzers der im Osten Berlins gelegenen Schubart-Werke meinten.
Die große Entfernung zwischen Werk und Schloss behagte Victorias Vater nicht besonders. Er pflegte sich damit zu trösten, dass ihm sein tägliches Nach-Hause-Kommen wie Urlaub erscheine.
Die Mutter fühlte sich hier, abgelegen vom Trubel der Großstadt, am wohlsten. Der Vater brauchte riesige Überredungskünste, wollte er sie auf eine seiner oft anfallenden Geschäftsreisen mitnehmen. Erst nach endlosen Debatten gelang es ihm, die Mutter umzustimmen.
Victoria entsann sich, Maria Schubart ging nur ein einziges Mal als Siegerin hervor. Das war vor einigen Jahren, als ihr Mann erstmals für längere Zeit nach Madrid fuhr. Victoria war über die von ihm akzeptierte Weigerung der Mutter erstaunt, vergaß die Angelegenheit mit der Zeit jedoch.
Jetzt, nachdem sie sich in ihre im zweiten Stock gelegenen Zimmer zurückgezogen hatte, fiel ihr diese Weigerung der Mutter plötzlich wieder ein.
Victoria betrat ihr kleines, ganz in weiß und türkis gehaltenes Schlafzimmer und setzte sich vor ihren Frisiertisch, um nochmals eingehend ihr Spiegelbild zu betrachten. So unrecht schien Alfonso Frances nicht zu haben. Sie sah tatsächlich anders aus als die Mädchen ihres Bekanntenkreises, die meist blond oder brünett waren.
Victoria hatte sich daran gewöhnt, überall Aufsehen

zu erregen, über das Warum dachte sie nicht nach. Selbstverständlich wusste sie, dass sie gut aussah, aber sie war auch die Tochter des Großindustriellen Schubart, und aus diesem Grunde stand sie bei Gesellschaften und anderen Ereignissen, zu denen sie die Eltern begleiten durfte, sowieso im Mittelpunkt. Für Victoria war es Gewohnheit. Dass sie fremdländisch wirken könnte, wäre ihr nie in den Sinn gekommen.
Wem sah sie eigentlich ähnlich? Dem Vater wohl kaum. Er war groß, breitschultrig, blond, grünäugig. Allerdings sein Mund, der war dem ihren ähnlich, vor allem wenn er lachte oder sehr ernst war. Dann konnten sich die ansonsten breiten Lippen fast zu einem Strich verengen. Das hatte Victoria bei sich auch beobachtet.
Ähnelte sie der Mutter? Von ihr schien Victoria die schlanke Gestalt und die schwarzen Haare geerbt zu haben. Und die Augen? Nein, die hatte niemand in der Familie. Mutters waren sehr hell, im Gegensatz zum dunklen Haar, dem die Hausfriseuse jedoch immer einen Schimmer ins Kastanienbraun verleihen musste, sehr zum Leidwesen des Vaters, dem das rabenschwarze Haar von Maria so gefallen hatte, dass er bei der ersten Begegnung schon beschloss, sie zu seiner künftigen Frau zu machen.